成为1%

让自己无可替代

易兴◎著

江苏凤凰文艺出版社
JIANGSU PHOENIX LITERATURE AND ART PUBLISHING

图书在版编目（CIP）数据

成为1% ： 让自己无可替代 / 易兴著. -- 南京 ： 江苏凤凰文艺出版社， 2025. 4. -- ISBN 978-7-5594-9440-5

Ⅰ. B848.4-49

中国国家版本馆CIP数据核字第2025SK1843号

成为1%：让自己无可替代

易兴 著

责任编辑　周颖若

特约编辑　占小卫

封面设计　呦鹿 1015838109@qq.com · 九黎

出版发行　江苏凤凰文艺出版社

　　　　　南京市中央路165号，邮编：210009

网　　址　http://www.jswenyi.com

印　　刷　三河市嘉科万达彩色印刷有限公司

开　　本　880mm×1230mm　1/32

印　　张　8.25

字　　数　148千字

版　　次　2025年4月第1版

印　　次　2025年4月第1次印刷

书　　号　ISBN 978-7-5594-9440-5

定　　价　69.80元

江苏凤凰文艺版图书凡印刷、装订错误，可向出版社调换，联系电话 025-83280257

自序

PREFACE

人生第一幕

我人生记忆中的第一个画面是 3 岁时，我踉踉跄跄地在火车走廊上跑，两边都是密密麻麻的人，我的外公跟在我的后面。没错，这是我第一次离开父母，被送回老家，在一个土房子里，开始我多年的留守时光。

我就读的小学贫富差距比较大，班级里一半是来自城镇的孩子，另一半是来自农村的孩子。三年级之前，我被班上一位长得比较强壮的同学霸凌。下课时，他就以开玩笑的名义抓着我的头发，把我的头往教室后面的墙上撞。后来，我们的班主任及时发现并在全班制止了这种霸凌行为。从那时起，我在心里就种下了一颗种子：捍卫弱小。

一个夏天的中午，我从家里背着书包去上学。在我们老家的山上，我遇到一位背柴下山的老奶奶。她看起来年纪非常大，显得十分吃力。我从她身边快速跑过，因为怕迟到。跑下去十多步时，我突然回头：算了，万一老奶奶在下山路上摔倒怎么办，我去帮她背吧。于是，我对老奶奶说："奶奶，您帮我拿着书包，我帮您背下去。"老奶奶一开始推辞，后来还是答应了。我帮这位奶奶把一背篼的柴背下山，在平路上还给了她。我准备离开时，老奶奶从兜里摸出了一个塑料袋，打开了半天，从里面摸出 1 块钱说要奖励我。我说："我不要。"拿上书包就走了。那天，我虽然迟到了，但看到老奶奶的笑容，我特别开心。那一周，我记得我写的日记里有这么一句话："我想让世界上所有人都有幸福的笑容。"

叛逆少年走向独立

初中的时候，我父母回来了一个月。那会儿，我迷恋上了网络游戏。有一次，我玩了一个通宵，母亲早上起来看见我还在玩游戏，就把插头一拔，而我站起身来把鼠标一砸。母亲见状给了我一耳光，并说："你一个大男子汉，成天玩这个算什么本事？你能不靠家里人，自己养活自己才算本事！"

我大声回复道："自己养活自己就是，有什么大不了！"

从那以后，我开始摸索怎么赚钱。第一年，我去了一个亲戚家里当服务员，干了接近一个月，感受到了挣钱的不易。第二年的春节，我离开了家，去了一千多公里以外的浙江，在一家餐厅里做服务员。那是我第一次感受到背井离乡的孤独和心酸。

在餐厅，我接待了一桌又一桌的客人。在我的眼里，这些客人都是人上人，因为他们吃一顿饭的费用就能轻松支付我几天的工资，包间里的一顿消费甚至抵得上我一个月的工资。有经验的服务员告诉我："要好好招呼这些客人，这里来的每一个人你都得罪不起。"于是，我小心翼翼地做好服务工作。我是年龄最小的，却是最勤快的。开门、倒茶、送菜、收桌、扫地，哪里有活我就干，我尽全力做好工作，服务好我的客人。

然而，这并不意味着不会有人欺负你。有一次，我遇到四五个醉醺醺的中年男人，他们还意犹未尽，舍不得离开。时间已经超过凌晨 2 点，我走进房间对客人说："不好意思，先生，我们已经打烊了，麻烦您结一下账。"客人答："好的，知道了。"然而，过了二十几分钟仍然没有动静，我再次催促，却无人理会。无奈之下，我又走进去提醒。话还没说完，突然"啪"的一声，我被狠狠地打了一耳光。我整个人蒙了，身体在颤抖，特别害怕。

我跑到店外的台阶上坐着，眼泪止不住地流下来。我嘲笑自己是一个没有用的懦夫。从那以后，我每天在网上不停地看励志视频，为自己补充能量。也是从那时起，我的灵魂告诉我：这一世，一定要做一个对社会有价值的人，一定要做一个受人尊敬的人，一定要做一个保护弱小的人。

我对我妈妈说："儿子长大了。"

每个人都有自己的"九九八十一难"

你以为剧本走到这里就要开始翻盘了吗？不，还早着呢！一个人光有热血是不够的。一个热血的人要经历社会反反复复的毒打，才能真正走上强者之路。

高中的时候，我用业余时间做微商，交了一千多块钱成为某微商团队的小代理。我尝试了几个月，却没有卖出一单，买回来的产品全都自己用了。后来，我开了淘宝店，赚到了一些钱。寒暑假时，我还去家具店上班卖家具。夏天的时候，老板让我躺在后备厢里，开车溜进小区，上门挨家挨户推销家具。

上班第一天，我按照老板教的扫楼方法——从顶楼开始往下逐层走访。我坐电梯到了 29 楼，敲了第一家门。开门的是一位年轻业主，他非常暴躁地说："你们这些人，天天来敲门，天天发传单，烦不烦？再敢来信不信我打残你！”当时，我大脑一片空白，身体本能告诉我：快走！于是，我转身准备坐电梯下楼。我和另一个小伙伴找到了货梯，按下了 1 楼按钮。电梯门刚关上，电梯突然开始急速下坠。

我心想：完了，今天难道就要交代在这里了吗？（当时的我没怎么在城里待过，也不知道电梯出现这种情况该怎么办，只能无助地在电梯里大叫。）后来，电梯下坠到 9 楼时突然停了下来，一位推着垃圾车的工人按下了按钮。电梯门一打开，我飞快地跑了出去。我对那位工人说：“这个电梯坏了，千万不要坐！”

我不知道是工人叔叔按电梯救了我，还是电梯触发了紧急系统。反正，当时如获新生的感觉让我内心有了全新的力量。我跑到小区里的椅子上缓了片刻，然后心想：“这都没让我有事，我还有什么好怕的？”调整好状态后，我又上楼挨家挨户开始推销。那个假期，我的带店客户数和成交量位列团队第一。

高中毕业后，我依然想找到一份能锻炼自己的工作。当时，在网上看到某支付平台招募推广员，任务是为线下商家开通收款码。那一年，线下支付场景竞争激烈。这份工作没有底薪，全靠提成，还需要我自己招募团队。于是，我发布信息，用一个星期的时间招到了 13 个人。这些人中有大学生、和我一样高考后出来赚钱的年轻人以及社会青年。

起初，管理就是一个巨大的挑战。他们不服管理，也不按时上班。我只能逐个击破。他们不好意思谈单，我就带他们在城市的各大店铺跑，一家一家地给老板普及收款码的作用，帮助他们开通。

随着经验积累，我们的流程越来越熟练。最终，我带的团队当月业绩跻身全省前三，这让我感到无比自豪和自信。虽然这个假期只挣了 2278 元，但这段经历让我终生难忘。

你心中的一团锦绣，终有脱口而出的一日

踏进大学的那一刹那，我内心无比喜悦。因为我知道，我终于踏上了属于自己的舞台。大一时，我立下了一个目标：毕业后要去一家世界 500 强企业工作。当时，我最想去的公司是阿里巴巴。

后来，我看到阿里巴巴的一个校园项目并参与其中。在项目中，我不仅把在自己学校的业务拓展得很好，还帮助官方开拓了几十所其他高校。我在成都组织了一场线下大会，超过 100 所大学的学生前来参与。凭借这些出色的成绩，我在大一时就顺利获得了阿里巴巴的线下实习机会。我买了最便宜的中

转机票去北京，与一起实习的朋友租了一个小单间。实习期间，我们每天干到半夜12点才回家。在北京的那段时间，我认识了行业里许多优秀的前辈，新的世界大门就此打开。

在大三结束之前，我还去了京东、字节跳动、悦动圈正式实习，并有一次合伙创业的经历，成功挣到了人生中第一桶金。2019年，我在字节跳动实习时，一位清华大学的学长邀请我参加北京大学举办的青年发展与社会创新论坛。在论坛上，我看到一群北京大学的准新生在7天内完成了创新创业课题设计与商业策划。他们在知名导师的指导下，甚至已经开发出了产品样品。

那一刻，除了钦佩，我还陷入了深深的思考：这些同学还没正式进入北京大学，就能有这么多优质的资源，而中西部许多高校的学生，可能快毕业了都无法触及顶尖企业、导师与社会资源。我也是双非院校毕业的，深刻感受到这些迷茫。如果一个人没有看到过更大的世界，又怎么知道自己的方向？

于是，我放弃了在互联网大企业继续工作的机会，回到重庆，创办了“三十万个大学生”平台。

2019年年底，我正式注册了自己的公司。2020年年初，因为大环境的原因，初创公司遇到了无数的挑战。但在艰难的日子里，我坚持带领团队一步步走过了风雨。

如今，我的公司已经成为“专精特新”企业，获得了“国家高新技术企业”认证，并且我本人有幸受到中央电视台的采访。我个人也成了多所高校的特聘创新创业导师，同时担任中国成人教育协会生涯教育专委会副理事长。这一切，虽浓缩在短短几段文字中，但背后每一段至暗时光，只有亲身经历过的人才能感同身受。

然而，我并没有因为这些成就而自满，因为我的初衷从未改变：帮助更多的大学生看到更大的世界，接触更优质的资源，认识更多有趣的人。希望通过我的努力，能够让更多的年轻人少走一些弯路，多一些选择的权利。

有人问我，为什么这本书叫《成为 1%：让自己无可替代》？

其实，这与我创立的品牌“三十万个大学生”密切相关。当初，我创立这个品牌的初衷就是希望在全国三千多万大学生中找到那 1%，深度影响他们、成就他们，再让他们去影响更多的人。

为了实现这个目标，我们提出了一个“十年计划”：

· 10 年内影响 3000 万个大学生

· 10 年内帮助 300 万个大学生实现就业、创业

· 10 年内精准赋能 30 万个大学生

这个“1%”，不仅是一个目标，也是一种精神象征。我希望这本书的每一位读者都能成为自己所在领域的 1%，或者

敢于追求 1%。成为 1% 不是为了与他人不同，而是为了成为更好的自己，成为那个你想成为的人。

这本书，与你同行

当你寻找答案时，当你深夜孤独无助时，当你害怕失败踌躇不前时，当你因为质疑的声音而怀疑自己时，我希望这本书能成为你的同行者。

它不是一本教你如何轻松成功的指南，而是一本与你分享人生经验、探讨可能性的朋友。希望在你迷茫挣扎时，它能点亮前方的一盏灯，告诉你——你的未来还有更多可能性。

成为 1%：超越自我，与世界对话。

《成为 1%：让自己无可替代》写的不是我一个人的故事，而是千千万万像我一样拼搏的年轻人的缩影。这本书是我对过去的深刻反思，也是对未来的真诚期许。

所以，我想邀请你，和我一起开启这段旅程。请系好安全带，我们即将出发！

易兴

2024 年 12 月 28 日

推荐

RECOMMEND

秦阳：艾迪鹅品牌咨询创始人、品牌营销专家、畅销书作者（已出版书籍超16本）

《成为1%：让自己无可替代》的主书名是我取给易兴的，一方面来自他创办“三十万个大学生”的理念，另一方面是我看完他一路升级打怪的经历，认为这是对他最凝练的一个总结。

成为1%，不是终点，而是起点，是一个不断追求卓越的过程。易兴用他的经历告诉我们，所有伟大的故事，都始于一个勇敢的开始。成功的路上并不拥挤，因为坚持的人并不多。

这本《成为1%：让自己无可替代》是一份为大学生朋友们准备的礼物，它不仅是一本书，更是一份指南、一份对未来的承诺、一份温暖的陪伴。它关乎梦想，关乎未来，关乎成为什么样的人。

海浪：亚朵酒店投资人、蝴蝶会发起人、牛气学堂 CEO

易兴是一个杰出的青年创业者，有着和自己年龄完全不相符的沉稳和睿智。大学生满怀激情与梦想，但缺乏实战经验。这本书犹如一场及时雨，相信可以帮助大学生走出“象牙塔”，奔赴创业路，值得大家反复品读。

毕嵘：珍时信息创始人，阿里巴巴、平安集团前高管，畅销书《极简时间管理》作者

《成为 1%：让自己无可替代》的作者易兴是我的好朋友，年龄虽小，但成就斐然。虽然他当年创立的“三十万个大学生”品牌是面向 1% 的顶尖大学生，但无论你是学生、职场人士还是创业者，这本书都能为你提供全面而实用的成长指南，助你通过持续进步，突破自身限制，最终成为人群中 1% 的精英。

方子静：投资人、商标公司联合创始人、个人品牌商业顾问

易兴是一位非常睿智、有抱负的老师。社会上成功的人有

很多，但成功还愿意出来分享，去帮助和鼓励更多人成功的人太少，易兴就是其中一个。

易兴的新书会影响更多大学生向上、向善，成为国家的栋梁之材。

宋海真：企业家私人顾问、房地产开发公司董事长、“读行江湖”创始人

成功的道路没有捷径，但《成为 1%：让自己无可替代》为我们点燃了一盏明灯。易兴用真挚的文字和切实的行动，诠释了何谓脚踏实地与仰望星空。他的故事就像一幅蓝图，指引着每一位追梦人找到属于自己的路径。

作为一名实体创业者，我常说，梦想是用坚持和智慧建造的，而这本书正是构筑梦想的最佳工具。它将陪伴你在迷茫中前行，在挑战中成长，在坚持中成就卓越。

辛琳琳：中关村独角兽企业发展联盟副秘书长

《成为 1%：让自己无可替代》是一本启迪智慧、激发潜能的励志力作。这本书深入探索持续进步的精髓，不仅是一本个人成长的行动指南，更是引领读者实现自我超越、收获全面成功的必读之选。诚挚推荐给所有追求卓越的朋友！

尚军：十万 + 创业商邦创始人、创业教练、终身学习者

易兴是我见过的最具行动力和影响力的青年创业者之一。他的故事充满了热血、坚持和深刻的思考，而《成为 1%：让自己无可替代》正是这些特质的结晶。这本书不仅记录了他如何从平凡中突围，也展现了他对大学生或年轻人的成长使命感。作为他的企业家教练，我为他感到骄傲，也深信这本书将为读者点燃追逐卓越的激情。阅读它，你会发现，成为 1% 并不是遥不可及，而是一种可以选择和坚持的生活方式。

思莉校长：个人品牌商业顾问、研究和践行品牌营销思维 18 年

易兴是我身边最年轻也是最优秀的创业者，1999 年出生，非常小的年纪，已经创业多年且把公司做得非常成功，认识他三年时间，见证他飞速地迭代自我。

他把自己的成事心法都写进了这本书里，看完这本书我终于知道他为什么能那么快有结果了。我推荐所有渴望改变和成功的年轻人好好看这本书，更推荐所有人都好好靠近这个优秀、闪光、极具天赋的年轻创业者，因为他注定会成为这个时代的超级影响者。

单兴华：《下沉市场：渠道建立，用户分析与本地化运营》作者

与年轻人打交道近 12 年的时间，从年轻人到青年人，从在校学生到职场达人，成为怎样的一个年轻人，我想，也是这 12 年的时间里自己在思考的一个问题。成为 1%，代表的不仅仅是财富与地位，我想更重要的是一种态度。我最喜欢的一句话是：“人间正道是沧桑。”厚道为人，踏实做事，戒骄戒躁，躬身入局，我想，这是我送给年轻人的 16 个字总结。

特立独行的猪先生：畅销书作家、私域营销专家

易兴是我认识多年的好友，在他的身上我看到了年轻人的朝气和创业者的魄力，并且他致力深度成就三十万个大学生，这点就非常让人敬佩。

这本书对在校大学生和刚入社会的年轻人会很有启发，让我们一起成为 1% 中的翘楚。

一芳：乐又迪英语创始人、畅销书作者、TEDx 特邀讲者

这本书是一盏明灯，照亮大学生和青年人前行的道路。它不仅激发你的梦想，还提供实用的商业策略和实践方法，让你

在探索世界的同时，发现自我潜力，开拓无限可能。我强烈把它推荐给每一位渴望成长和成功的年轻朋友！

罗树林：四百万粉丝教育博主、五千万粉丝 MCN 教育集团创始人

我是个第六感神准的人，也是个几乎不愿意麻烦任何人的人，但命运推着我在认识易兴的第三天就麻烦他从重庆赶到杭州。

一首《春风十里》，我就知道，这是我一辈子的兄弟。

有真心的人很难用心，用心的人往往没有真心，易兴两者，兼而有之。

游侠：华银集团 CEO、独立投资人、财经作者

易兴，年纪轻轻就在创业路上大放异彩，着实令人赞叹。他凭借敏锐的商业眼光，精准捕捉大学生市场机会，果断投身其中。创业期间，面对诸多难题，他都冷静应对，灵活调整策略，短短几年时间，便打造出在西南地区颇具规模与影响力的企业。他不仅实现了自我价值，更为同龄大学生们树立榜样，堪称年轻有为的典范。

目录
CONTENTS

第 1 章

习惯培养：让你持续精进的关键

请你带着以下问题阅读

1. 你能快速判断自己是否在进步吗？
2. 什么样的习惯能让你持续精进？
3. 怎么做能让自己进入精神饱满的状态？

第 1 节

进步检测定律：判断自己在进步的 3 个标准

谁都想要成为更好的自己，一个不断进步的自己。

《大学》曰："苟日新，日日新，又日新。"

关于持续进步这个话题，我一定要放在本书的最开头来讲。在这些年的成长中，我发现了持续进步的重要性，尤其是在这个竞争激烈的时代，只有保持进步才能保持竞争力。

那么，如何判断自己是不是在持续进步呢？

结合我过去的成长经历，在此分享 3 个可以用来检测自己是否在持续进步的标准。

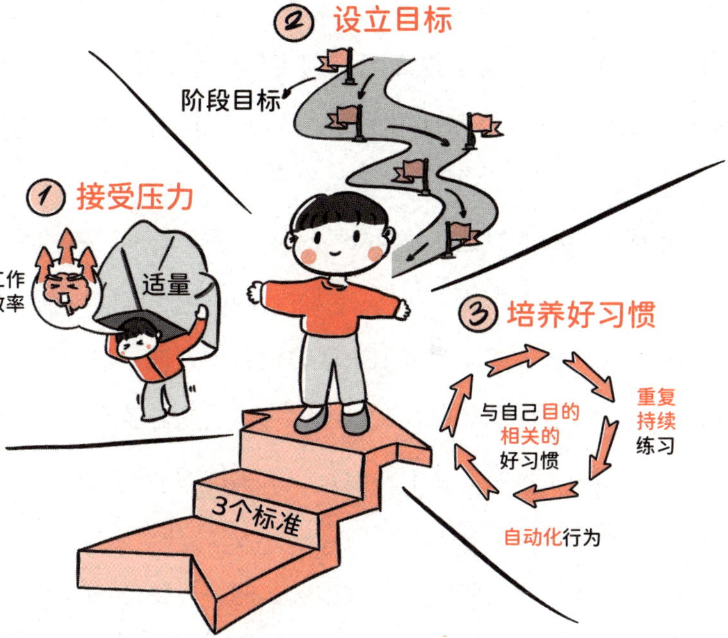

▲ 图 1-1　判断自己是否在持续进步的 3 个标准

接受适度的压力

判断自己是否在持续进步，第一个非常重要的标准就是：是否在持续接受适度的压力。

注意，我说的是适度的压力，压力促使人进步是有前提的，那就是得适度。

社会心理学实验研究表明，适度的压力可以提高大脑皮层的兴奋度，这有助于提高大脑的工作效率。因此，适度的压力可以帮助个体提高学习能力，表现得更好，促进个人成长和进步。

篮球巨星姚明刚进入 NBA 的时候，承受着来自媒体和球迷的巨大压力，这些压力包括：短时间内适应美国的训练方式和比赛方式、被期望成为中国篮球的拯救者、被当时国外的一些体育评论员质疑和嘲讽。这些压力对姚明的发展产生了积极的作用，增强了姚明的竞争意识，激发了他的潜能，使姚明能够在比赛中出色地展现个人实力。

我在京东实习的时候，和我同岗位的实习生是从很多人中选拔出来的，能力都非常强。当时团队的指标非常高，如果完不成任务，就可能会被开除。

在这些压力的作用下，有些松散的我很快进入一种新的状态。经过一段时间的努力，我带领团队做出了业绩全国前三的好成绩。

在我创业的过程中，压力不断，比如：怎么稳定团队？怎么保持盈利？如果没有这些具体的压力，我可能还在原地踏步。这些压力的出现，促使我必须直面现实，深入思考，寻找解决方法，从而获得了更好的成长。

物竞天择，适者生存。不同种类的生物必须不断进化，去适应自然环境。从某些方面来讲，压力能带来进步。

一个人想要成功，就必须要学会面对压力，并愿意付出非凡的代价。这个世界上“极度渴望成功”的人其实并不多，愿意为之付出非凡代价的人就更少了，大部分人不愿承受任何压力。因此，勇敢地面对人生中的每一段大大小小的压力，就是在持续进步。

设立阶段性目标

在一次线下讲座上，一位学生曾问：“学长，感觉你的状态时时刻刻都很好，你是怎样做到一直都充满斗志的？”

我说：“充满斗志的前提是我们得知道为了什么而‘斗’，也要有自己的目标。不管是长期目标、中期目标，还是短期目标，总得要有一个阶段性目标，不然你根本不知道自己努力的方向。”

目标能让我们进行阶段性的回顾。我之前和一些创业者探讨过一个话题：如何检测自己一段时间内是不是在进步？探讨结果惊人一致，我们认为，自己是否进步和自己是否制定并完成阶段性目标有很强的关系。给自己设置一些阶段性目标，然后通过阶段性目标的完成情况来判断自己是否有进步，结果会客观得多。比如：3 个月内我要学习完某一领域中的某一模块的知识点，1 年内我要见 100 个优秀的人，3 年内我要参与多少个重大的管理项目……

我刚读大一的时候，给自己制定的第一学期的目标之一就是：实现经济独立，不再需要父母来支付我的生活费和学费。

社会心理学中有一个很重要的研究：达克效应。70% 的司机都觉得自己的驾驶技术在前 20%，绝大多数人都觉得自己比身边的人要优秀。能力欠缺者们沉浸在自我营造的虚幻的优势之中，常常高估自己的能力水平，无法客观评价他人的能力。我们总是会对自己有一些过高的预估，因此我们更应该重视阶段性目标的设定，通过阶段性目标的完成情况来了解自身状况和整体进度，以此来推动自己的进步。

富兰克林说："我一直认为，一个能力尚可的人可以在人类中促成大变革，成就大事业。只要他首先制定一个好计划，然后停止一切娱乐活动或其他可以让他分心旁骛的事务，把推行这一计划当作他唯一的事业。"

所以，制定阶段性目标和计划，并坚定不移地执行，是判断自己是否在持续进步的一个重要标准。

培养更多好习惯

这个检验方式特别简单，每个月回顾一下："这个月我养成了哪些好习惯？这个月我改掉了哪些坏习惯？"如果你每个月养成一个好习惯或者改掉一个坏习惯，久而久之，你的进步会非常大。

从意识到潜意识，一旦形成自动化行为，我们将能更好地坚持和进步。心理学家研究提出："培养好习惯和戒掉坏习惯可以增强个体的自我效能感和动机，促进个人成长和进步。当个体经历了成功的改变和进步时，他们会增强对自身能力的信心，激发更强的动力和更多的努力。"

因此，每当我们养成一个好习惯或戒掉一个坏习惯时，我们会变得更加自信。

了解清楚这一点后，我还想补充的是：好习惯和坏习惯有时也是相对的。如有的人认为边做其他事情边听书就不是一个好习惯，学习应该专注；但对有的人来说，在做一些不重要但又必须做的事情的时候还能顺便接收一些信息，何乐而不为？熬夜单独来讲确实是一个坏习惯，对身体健康也不好，但有一部分人就是晚上思维活跃。他们利用晚上的时间高效完成一些事情，白天把该睡的觉补回来，这从某个方面来说也不完全是坏习惯。

因此，不用给好习惯或坏习惯制定一个特别固定的标准，要看你的目的是什么。选择跟自己目的相关的好习惯、戒掉跟自己目的无关的坏习惯，这才是最重要的。

上面我说的 3 个检测方式，不管你是单独使用还是叠加使用，核心目的都是让我们始终在进步。我们可以不用和别人比，但我们得不停地超越自己。

第 2 节

简单习惯：让你持续进步的微动作

陶行知曾说："思想决定行动，行动养成习惯，习惯形成品质，品质决定命运。"不要小看平时养成的一些小习惯，这可能会潜移默化地影响我们一生。

知道怎么判断自己在进步，就像一名旅行者拿到了一张地图，相当于拿到了旅行攻略，而且是简单可上手的攻略。在这里，我总结了几个关于持续进步的非常关键的动作，一一分享给你。

坚持写作，把思维落在笔端

我在知名互联网公司实习的时候，公司要求写日报、周报和项目复盘，尤其是项目复盘，特别能够锻炼人。我印象最深的一次是领导指出我的复盘报告存在表述不清晰、逻辑不对、思维不创新等问题，责令我去改。虽然我很不愿意，觉得做比写和说都重要，但我还是从白天改到了凌晨 5 点。

后来我的观念发生了一些变化，这源于我要去字节跳动实习的面试经历。那个时候我已经觉得自己的经验非常丰富，能够 100% 获得那个实习岗。面试结束后，对方却告诉我："我觉得你说话太凌乱，没有逻辑，浮于表面。"末了，还给我推荐了一些逻辑表达的课程。后来，我明白了：写作和口头表达都是思维的呈现。我们说的东西和写的东西都是内心思维过程的显现化。因此，如果一个人的对外输出是凌乱的、无逻辑的，那证明他的思维逻辑是不完整的，或者可以说他没有系统性思维能力。

我自己创业以后，没有人再要求我写日报了，也没有人要求我写项目复盘报告了，但我每天还是坚持自己写复盘报告，记录今天发生了什么，我是怎么思考的。后来我接触了很多厉害的人，发现他们身上都具有一项能力——写作能力。虽然每个人对写作的定义不一样，但本质上大家都在不停地将自己的思想输出显现。写多了以后，你就会发现写作的几大好处：

（1）写作有助于组织和整理自己的思维，找到逻辑结构和合理的论证，促进思维的深化，使之更清晰。

（2）写作可以帮助我们发现并解决内心的疑惑和问题，

是我们通往内心的一座桥。

（3）写作是有仪式感的记录和表达，以写促做，在提升逻辑思维能力和培养批判性思维的同时，促进我们把想法付诸行动。

霍金曾说过：“安静的人拥有响亮的思想。”他虽然身体重度残疾，但仍然通过使用一种特殊的辅助通信技术来不停地写作、对外输出，不断影响着这个世界。那些深刻的思想成果都来源于不停输出，而输出最好的方式就是写作。

写作能让我们进入相对平静的世界，是我们和自己内心对话的一种方式。

因此，不管是写日记、写复盘报告，还是记录思考，一定要随时随地写起来。

不断地阅读、学习

曾国藩曾说：“人之气质，由于天生，很难改变，唯读书则可以变其气质。古之精于相法者，并言读书可以变换骨相。”

从小到大，父母和老师都教育我们多读书。我们从小学一直到大学都在不停地读读读，但为什么要读书，大部分人的答案可能会比较含糊，为了考试，为了奖学金，为了更好的未来……

阅读的本质是通过语言文字来获取信息，认识世界，拓宽思维，并获得审美体验的一种活动。通过阅读，你能吸取智慧的结晶，你能与很多伟人同行。查理·芒格走到哪里都会带着一本书，他说："只要我手中有一本书，我就永远不会觉得浪费时间。"他的阅读范围覆盖了数学、工程学、统计学、会计学、统计学、心理学、医学等。大量的阅读使他不仅获得了大量的知识，还形成了多元化的思维模型。世界是一个复杂体系，我们不可能用一种思维去解决所有问题，因此，我们需要综合运用跨行业、跨专业的知识去形成一套解决问题的方法。

当我意识到阅读的重要性，从原本不爱阅读到渐渐养成了阅读习惯后，我的生活中到处都是书。我会在床边放书，晚上睡前看半小时；我会在办公桌上放书，在休息的时候随时翻阅；每次出差的时候我也会拿上一两本书，抽空在飞机上把书看完。阅读是一件随时都可以进行的事情，不要求仪式感，不要求做很多准备工作，只要你想，只要你有时间，只要有书，就可以读起来。当然，阅读不仅仅可以看，也可以听。听课、听书也是一种阅读方式，只要对自己有效，都可以去尝试。

我的阅读范围也非常广，不仅仅局限在我所从事的领域，还会看科学、人文、历史、传记等多种类别的书籍。我从不同类别的书籍中吸收能量，但我发现这远远不够。因此，我还加入了很多不同类型的读书会，在这里我能看到更多不同的思考角度。另外，我还和一位创业的朋友一起成立了一个创业者读书会，在这里我们一起分享读了哪些书，以及读书带来的启发和行动。

请你记住，一个人大脑里的信息如果全部来源于他自己的工作领域，那大概率他现在的工作也不会做得太好。

激发自己的生命力

在这个浮躁的时代，如果你想要持续进步，就得让自己充满生命力。对于个体来说，富有生命力会让自己呈现出一种精力充沛、心情愉悦的状态。

怎样让自己更富有生命力呢？

最简单可行的方法就是，找到那些能够激发自己生命力的地方并经常去。

我经常去两个地方：一个是球场，另一个是山顶。我觉得这两个地方特别能激发我的生命力，在球场上我能看到团结不服输的精神和搏斗的激情；在山顶我能感知到大自然的能量。前者大家可以根据自己的爱好去选择，不一定是球场，也可以是其他的竞技场，可以观看，也可以参与；后者几乎每个人都可以去，只要处于山区，下一秒就可以开始。当然，如果生活的地方没有山，任何能与大自然亲密接触的地方，都可以。

周国平老师曾经说过："人是自然之子。"

人是大自然的一部分，感受大自然和拥抱大自然，是生命的需要。我们大部分时间都待在城市里，我们看到的都是人工设计的各种建筑，不管设计得如何惊艳，都比不上大自然的美。因此，当你觉得压力特别大或者在情绪低落的时候，可以多去看看那些山川湖海，哪怕就是自己居所附近的一些草地上、树林里、山谷间、溪流旁等。在这些地方，自然会给你能量、激发你的生命力，让你更加愉悦。生命力提升了，很多事情自然而然就做成了。

小成本高价值：反馈训练

看人之短，天下无一可交之人；看人之长，世间一切尽是吾师。

——司马懿

反馈是一个只需花极小成本却价值百倍的小习惯，人人都可以做。以前我不懂为什么要勤于给他人反馈，到底怎么反馈？后来我通过刻意练习，慢慢形成了自己的一套反馈方法。如“你做/说的哪一点让我特别有启发，我自己的思考是什么，特别感谢你！”这是一个最简单的反馈模板。

生活中，需要我们反馈的人有很多：你的老师、父母、朋友等一切与你发生过连接的人。反馈好比照镜子，我们每个人对他人来讲都是一面镜子，我们可以通过不断地得到别人的反馈而更加了解自己。当你大量地去做反馈训练时，你会发现自己的情商变得越来越高，人际交往能力也变得越来越强。

做反馈训练需要注意以下几点。

1. 要多反馈对方的长处

很多时候我们都好为人师，常常会给别人一些负面反馈，但殊不知这样不仅不能让对方进行反思，还会让彼此的关系出现问题。我们多给别人正面反馈，一方面能锻炼我们捕捉他人优点的能力，另一方面也能帮助他人更好地发现自己，可以说是两全其美。

2. 一定要真诚

做反馈训练不是要求我们把同一个反馈模板在不同人身上

反复使用，而是我们真正地看到了对方的优点，得到了启发，想给对方反馈。这些反馈内容在过去可能因为种种原因没有表达出来，有一种不吐不快的感觉，这种水到渠成的反馈会让对方很受用。我们要确保做的每一个反馈都足够真诚，都能让对方感受到我们的诚意。

这 4 个动作是人人都可以做到的，并不需要太高的门槛，核心在于能否坚持。从今天起，我希望这 4 个动作能成为你的习惯，让我们一起加油！养成的这些小习惯，还可能会潜移默化地影响我们一生。

第 3 节

隐藏秘籍：保持精神饱满的方式

从前有一个小村庄，村子里的人都很勤劳，但过得却不快乐。他们觉得自己一直在努力工作，收成却总是不尽如人意。有一位年长的智者听闻了人们的困惑，便决定给他们解惑。

智者在村庄的中心位置点燃了一支蜡烛，并告诉村民："这支蜡烛代表你们的精神状态。当你们的精神饱满时，蜡烛会燃烧得非常明亮。"村民们好奇地围坐在蜡烛旁边，希望看到更多的奥秘。智者继续说道："在你们做事时，保持心情平和，不要让焦虑和担忧磨灭你们的热情。只有当你们精神饱满时，你们的行动和努力才能得到更好的结果。"

智者接着教导他们，在面对挑战时，不要轻易放弃，而要坚持不懈地努力。每当你们感到疲惫时，就想象蜡烛的火焰，它从不因为燃烧而疲倦，而是不停地燃烧直至最后一刻。

在接下来的日子里，村民们积极践行智者的教诲。他们保持乐观的态度，不再为失败而气馁，而是用坚持和努力来战胜困难。他们学会了在每天开始工作之前调整自己的心态，保持精神饱满的状态。他们的努力开始显现出成果，村子里的生活变得幸福美满。

多年后，当智者再次造访这个村庄时，他惊喜地发现村民们精神饱满，笑容灿烂，充满了活力和激情。他们的生活变得更加充实，他们的事业也蒸蒸日上。

一个人是精神饱满还是精神萎靡，做事得到的结果会完全不同，他们的人生也会朝着不同的方向发展。

那么问题来了，有些人在工作和生活中压力特别大，经常感觉很疲惫，这要怎样保持精神饱满呢？

在过去我自己的成长经历中，身边的朋友、家人看我一直在奔波，永远在路上却从不疲惫，都笑称我为“战斗机”。但我并不是什么“战斗机”，只是掌握了一套保持精神饱满的系统方法并坚持刻意训练。其实我们每个人都可以拥有保持精神饱满的方法。接下来，我就把这套方法分享给大家。

获得正念力量

“正念”这个词起源于佛教禅修，意思是专注和觉察当下的一切。有人会说：“正念和精神饱满有什么关系？”

在如今这个时代，获取信息非常便捷，只要打开手机，每天都会收到几十上百条信息流推广信息，更不乏每天浏览的各种网页、门户网站。在巨量的信息下，我们的大脑无法有效地接收并处理这么多信息，于是就会产生很多杂念。我把这些杂念比作大脑运行过程中产生的垃圾，如果不及时清理，大脑就会越来越卡顿，甚至无法独立思考。

在这个信息泛滥的时代，人们真的有自己的独立思考能力吗？真的能够准确地知道自己想要的人生究竟是什么样吗？也许，很多人都不知道自己想要的到底是什么。

我们在互联网上看了这么多厉害的人，听了这么多有意思的故事，吃了这么多惊天的瓜，是否能静下来好好聆听一下自己内心的声音呢?

我们需要正念，就像电脑上一些垃圾清理软件清理电脑运行过程中产生的不必要且占内存的垃圾一样，大脑也需要清理。只有大脑里没有垃圾了，我们才能从内而外保持精神饱满。

练习正念有几个非常行之有效的方法。

▲ 图 1-2 保持精神饱满的方式

1. 静坐冥想

找一个安静的地方坐下，专注地觉察自己的思维、状态、情绪，不要做任何评判，只是去觉察。你可以根据自己的时间和条件决定正念的时间，静坐 5 分钟、10 分钟、30 分钟甚至更久都可以。全然地放下一切，认真捕捉大脑里冒出来的每一个念头，试着去接纳自己的思维和情绪，而不是被其控制。

2. 身体扫描

有一次我参加了一个很知名的瑜伽老师的课程，她带着我去觉知我的身体，把注意力挨个集中到身体的每一个部位，从头到尾去感受自己的身体。结束以后，我感受到一个全新的自己，也感受到我与这个世界全新的连接。

3. 专注行走

这是我自己发现的一个练习正念的好方法，在行走的时候，把注意力放在自己的脚上，看着自己的脚落地、抬起、再落地、再抬起，慢慢地感受脚和大地连接的感觉。

曾国藩曾说："耐得千事烦，收得一心清。"每个人都可以有自己的正念方式，只要不断地练习，就一定会有特别大的收获。

希望在当下，正念的力量能使你找到安宁。

过极简生活

一个简单的生活方式能帮助你释放很多精力。

我曾和很多优秀的人深度接触，在走进他们的生活以后，发现这些人的生活都特别简单，甚至是极简。

有一次我去了一位我很崇拜的老师家里，他的身份和地位很高，但他的家里除了生活必需品，没有多余的东西。我当时还以为是老师搬家了，问："老师，您最近是在搬家吗？"老师懂我想说什么，便回答："没有，我所有东西都在这里，这么多年一直是这样。"

那一刻，我顿悟了。这种生活方式让我的内心受到了巨大冲击。从前，我总是会买一些东西来备用，其实很多时候根本没用，这导致房子里面的物品越来越多，收拾起来压力很大。从那位老师家回来以后，我开始精简我的生活用品，处理了很多闲置物品。每当出去采购的时候，除了必需品，能不买的坚决不买。后来我发现，我活得越来越轻松了。原来，我根本不需要拥有这么多东西。

在社交上我也同样遵循极简原则，不去混那么多圈子，把更多的时间花在家人、挚友身上。

乔布斯作为苹果公司的创始人，每次发布会都穿同样的衣服，黑色高领毛衣、牛仔裤和运动鞋。有人可能觉得这就是他的穿衣爱好,实际上是他不想在穿衣这件事上浪费更多的时间。于是，他看好一套适合自己的，就买很多套，这样可以节省买衣服的时间，把时间用在更有价值的事情上。

在生活上做减法，在思想上做加法，不为物质所累，却能让我们精神愉悦。

持续运动

由于学习和工作环境所限，一些人不得不坐着工作。现代化的生活方式让我们减少了很多运动时间，这也会成为我们健康的隐患。

《运动改造大脑》一书里有一句特别触动我的话："他们无法开始运动是因为没有精力，而他们没有精力是因为他们缺乏运动。"

运动会让我们的大脑处于最佳状态，我们只需要开始动起来。

你可以选择一个适合自己并容易实现的运动项目，如跑步、打球或游泳。注意：选择的运动项目，一定要容易实现，最起码想去立马就能去。我之前选择了打篮球，但篮球场离我家很远，去了几次以后一想到距离就不愿意再去了，因此没有坚持下去。后来我选择了跑步，因为跑步不会受到环境和距离的影响，无论在哪里都可以随时开始。

另外，如果你不想去室外，也可以在家里运动，如跳舞、做俯卧撑、做仰卧起坐等。

选择一项对于你自己来说成本低的运动更有可能让你坚持下去。

请立马行动起来吧！

成为 1% 关键点

人生有两种模式：一种是强者模式，另一种是弱者模式。选择强者模式会从自己出发，向内求，在遇到各种复杂情况的时候进行转念，并在这个过程中收获非常多的能伴随我们一生的好思想、好习惯。

第 2 章

认知突围：从普通到优秀的心法

请你带着以下问题阅读

1. 缺学历和缺能力，哪个更可怕？
2. 学历和能力，鱼和熊掌如何兼得？
3. 如何走上低学历的逆袭之路？

第 1 节

认清实际：学历和能力哪个更重要

学历和能力到底哪个更重要？这个话题被人们反复争论。不管你持哪一个观点，你都能找到对应的案例佐证。我们真正需要的不是“看起来正确的观点”，而是对自己实际有用的东西。因此，接下来，我们就这个话题进行探讨。

社会大筛选

教育是一个国家发展的基石。对于国家而言，最公平、最行之有效的筛选人才的方式是通过考试。

有人说：“应试教育只能筛选出一批只会答题、智商高的人。”

其实这样看问题不全面，试想一下：如果国家只想筛选这样的人，完全可以直接在对应阶段测试智商，然后根据测试值来分配学历和社会资源，这样就不需要经过这么多年的学习和考试了。

其实，我国现在施行的是素质教育，是促进学生全面发展的教育。即使是考试，也是有利于个性发展的教育行为。

在高考之前，大多数人会在“考试”这个大目标下，提高自己的毅力、学习能力、复盘能力、思考能力和认知能力。

国家为我们提供教育资源，为我们每一个人提供了向上的通道。对大多数人而言，通过考试来获得不同的学历，在某种程度上来讲，这就是最大的公平。

谷歌的前首席执行官埃里克·施密特曾在采访中表示，谷歌不会聘用从二流大学毕业的人，他们只需要尖子生。这话虽然有些不中听，但现实不就是这样的吗？中国绝大多数的 500 强企业每年只会选择去一些 211、985 院校进行校招，正如张雪峰在一档节目中说的：“几乎所有的世界 500 强企业都告诉你学历不重要，但是他们不会去齐齐哈尔大学招聘。”

因此，不管有人跟你说学历比能力更重要，还是说能力比学历更重要，都没关系，这是每个人基于自己的人生视角比较后给出的答案。但如果有人跟你说学历一点用都没有，或者说学历根本不重要，那就得三思了。

适时选择学历提升

正在看这本书的你，大概率已经过了高考的阶段，现在可能会纠结：我学历不高怎么办？我应不应该去提升学历？我要不要考研？我要不要去弥补高考没有实现的进入名校的遗憾？

这些问题曾经也困扰过我，因为我上的是一个普通的二本院校。上大学的时候，我看到很多 500 强公司的招聘简介上写的都是 211、985 院校的毕业生优先。我一度十分焦虑，但后来我慢慢想明白了，也知道自己最该做什么了。

如果短期内想实现在社会上立足，那学历提升对你来讲可能没有什么太明显的作用，因为这个社会上很多职业并不需要太高的学历。但如果你想实现更大的成就和阶层跨越，那学历提升一定是非常重要的一环。

之前有一位普通本科学校的学生跑来问我：“我现在大四，已经收到了两家 500 强企业的录用通知，但自己身边的人都在考研，我非常纠结，不知是该继续提升学历还是先去工作。”

我问他：“你考研的目的是什么？”

他说：“学历更高，赚的钱应该会更多吧……”

我说：“你直接去就业吧。”

因为他已经收到了 500 强企业的录用通知，既然能通过筛选，说明学历在他这里已经不属于第一重要项了。他可以先进公司发展，后面如果发展到了一定阶段，需要更高的学历，完全可以通过读在职研究生继续深造。

鱼和熊掌也可兼得

学历和能力这两者并不是非得二选一，而是可以兼得的，两者并不冲突。有人先花时间在学术上达到很高的水平，有人先花时间在实践中积累经验。我见过很多牛人，一开始并没有很高的学历，但随着自己事业的发展，需要获取更丰富的知识，即使在很忙的情况下，也会去接受在职研究生教育，一方面扩充专业方向的知识，另一方面拓展自己的人脉圈。

因此，你不用纠结到底是在二十多岁的时候去提升学历还是三十多岁的时候去提升学历。学历提升是一个关乎个人长期发展的问题，什么时候都可以做，主要看你的需要。

那些前期花大量时间和精力在学历提升上的人能力也并非不高，因为学习本身就是一种元技能。学习能力强的人去参与实践上手会很快，能力提升也会比较快。一个人的发展是学历和能力的总和，二者相辅相成，并不对立，没有选择关系。就像你的左右脚一样，你想要走得更远，不可能选择只用一只脚来走路。请记住：不是你的学历和能力决定了你的命运，而是你的每一个决定，改变了你的命运。

第 2 节

弯道超车：低学历如何逆袭

我过去走访过很多不同类型的大学，有专科的学生觉得自己是低学历，也有本科的学生觉得自己是低学历，甚至有一些211、985 院校的学生认为自己没有进入排名前 5 的学校也是低学历。

有的人学历低是客观情况，而有的人认为自己学历低是自己的主观认识。但不管怎么想，他们既然对自己的学历不满意，那就要勇于做出改变。

以下是我总结的低学历逆袭的几大方法。

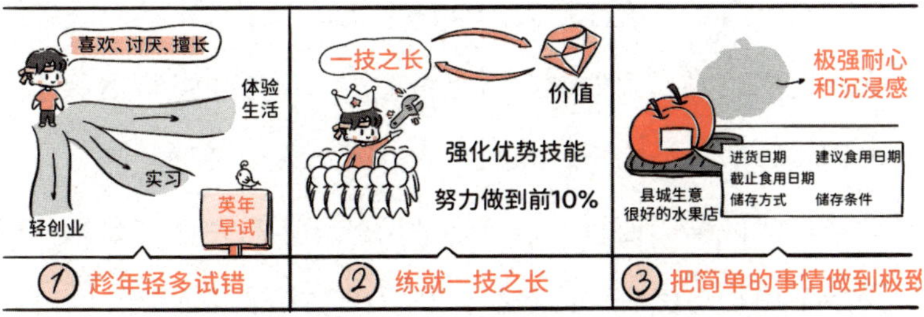

▲ 图 2-1　低学历如何逆袭

趁年轻多试错

在正当年轻之时、精力最旺盛、犯错机会成本最小的时候尽可能多去试错。

有一次我去一所专科学校开讲座，结束后有一位学生跑来问我："兴哥，我读了专科以后很后悔，每天都在懊恼当时高考怎么没有好好考，现在想花时间去弥补高中没有好好学习的遗憾，要专升本，然后考研……"

我问他："你这样做的目的是什么？"

对方说："不知道，就是想要弥补对自己的愧疚，然后觉得自己老是被瞧不起，出去兼职因为是专科生所以被区别对待。"

我是这样回答的："我接下来的话可能有点尖锐。首先，每个人都有自己的优、劣势。你现在是专科生，说明你在学习能力或者其他方面可能存在一些不足，到底不足到什么程度，我暂时也不清楚。但你目前的选择方式是想用大学的时间继续去弥补这些缺陷，假如如你所愿考上了，那你也只是达到了一个平均线，考不上的话，你又怎么办呢？继续考吗？"

虽然我说学历很重要，但是学历低，不是硬伤。如果我们本身就不擅长考试，那么我们完全可以在其他方面弥补回来。

我们还年轻，还有很长的路要走，不要陷入对学历的执念里，跳出来，你才能看到无比广阔的世界。

如果确认了自己不属于学习的那块料，那就直接放弃，没必要纠结。当然，如果你有一些学校提供的免试机会或其他通道能够短时间低成本提高学历，那你也可以去。

大学期间是试错成本最低的时候，你可以大胆去做很多事情，千万不要只停留在想，要明确对未来的自己的定位是什么、自己的职业规划是什么。定位和优势是摸索出来的，不是想出来的。因此，大学期间，你可以做一些具体的事情去实现自我成长，如轻创业，去各种公司实习，增加实践经历、积累经验和去独立体验生活。这些都是低成本的尝试，在试的过程中你能发现自己到底喜欢什么、讨厌什么、擅长什么。

刚进入大学的时候，我立下了一个目标——毕业后进入一家 500 强公司工作。为了实现这个目标，我大一就在某知名互联网公司实习，没想到因为这段工作经历比较出彩，后面竟然拿到了很多家不同知名企业的实习机会。因此，我在大四之前就已经在 4 家知名 500 强公司实习过，还创了一次业。在此期间，我试过很多行业的项目，接触过不同类型的公司，尝试过不同的工作方法，最终才清晰地知道了自己想要什么，于是走上了创业的道路。但如果我没去试错，可能也不会想得那么清楚，行动得那么迅速果断。

趁着年轻多尝试是低学历逆袭的重要法门。相信我，趁年轻多尝试，不要怕，三百六十行，总有一个行业适合你去发光发热。

练就一技之长

埃隆·马斯克说：“你要想变得超乎常人的强大，必须在某个 3 ～ 5 年里疯狂地行动，高密度地锻炼。这种锻炼可能包含人性、勇气、心力和专业技能的锻炼，这些都是关系你命运的锻炼。”

我曾经见过很多在自己专业领域闪闪发光的企业家、演讲教练、工匠师、动画编剧、短视频创作者……他们中有的也没有高学历，但是他们通过努力尝试、耐心沉淀，最终成了自己想成为的样子。

其中有一个非常关键的因素就在于他们有一技之长。人的一技之长是我们与这个社会产生价值交换的筹码。

我曾见过一位同龄人，他在大学毕业后就实现了阶层跨越。他的一技之长就是做短视频，他能够帮助他人在不需要写台词、记稿的情况下迅速拍出多个爆款视频。因为这项技能，他被很多知名人士邀请成为短视频顾问。在这个过程中，他又获得了很多更深的认知，不断提升自己。如今他年纪轻轻，就已经有了不错的结果。

我有一个关系非常好的同学老秦，现在是企业战略品牌顾问，已经出版了 16 本专业书籍，全网粉丝超过 100 万。他在大学期间因做 PPT 出名，在学校开设了 PPT 培训课程，并接到了当地政府的订单。他做的 PPT 曾经被很多权威媒体转发报道。他也正是因为这个技能，接触了很多优质资源，得到了很多机会，一步一步成为一个全能高手。

“行走江湖”，如果一开始没有绝世武功，那么至少还得有“两把刷子”。如果立身之本的技能也没有，那指望有机会逆袭是完全不可能的。

想要发现自己具备什么样的技能，平时多观察自己在哪方面做得比身边人好，记住：是身边人，不是和所有认识的人比，也不是和互联网上的人比。先和身边的人比，先出小圈才有可能进大圈。在你的班级、协会、实习的公司等一切由人组成的圈子里面，看看自己在哪个方面的能力比较突出。如果找到了，就去强化它。不用担心外面有比你更厉害的人，因为不是每个人都在同样的领域做同样的事情，你只需要看在你所在领域做同样事情的人里，你的某个技能是不是属于前 10% 就行。如果有，恭喜你，这也许是你向上生长的门票。如果没有也不要灰心，你还需要继续认真观察，也一定会找到。

把简单的事情做到极致

如果你不能立马去做伟大的事情，那么就把简单的事情做到极致。

有一次我去外地出差，路过一个县城，发现有一家生意很好的水果店。我本来以为这家水果店生意火爆是因为当天搞打折促销活动，喜欢凑热闹的我跑去看了一下，却意外地发现了一个商业秘密。

这家店的水果价格和其他家的价格一样，所有水果的价格都没有低于市场价，也没有搞太多营销活动，如充值优惠、办会员卡积分等。但这家店和其他家不同的是，所有的水果上都会贴一个小标签，小标签上有进货日期、建议食用日期、截止食用日期及储存方式。老板在每一批水果到货以后都会挨个检查并做上标记，这样顾客就可以放心挑选。顾客买回去以后哪怕有时候放冰箱里忘记了，等拿出来的时候还可以通过标签辨别是否还能食用。

这家店让我想起了河南的胖东来超市。胖东来超市从顾客的需求出发，把每件事都办到极致，这样的企业非常招大众喜欢。你在其他超市见过几种不同的购物车？在胖东来超市，有 7 种不同的购物车，分别是手提购物篮（25 升）、婴儿手推车（10 个月～ 2 岁适用）、儿童购物车（3 ～ 8 岁适用）、老年购物车、双层购物车（50 升）、小号购物车（115 升）及大号购物车（150 升）。无论处于什么年龄段、有怎样的购物需求，你都能找到适合的购物车。像这样为方便消费者购物而进行的细节设计，在胖东来超市数不胜数。

就个人而言，如果我们没有找到更好的出路，那么我们可以尝试把那些有价值但简单的事情做到极致。

纪录片《寿司之神》讲的是日本东京的一位寿司师傅的故事。他一辈子都在做寿司，是全世界年纪最大的三星主厨，九十多岁还在做寿司。他的寿司店只有 10 个位置，想要吃的话需要提前一个月预约。

把一件简单的事情做到极致是普通人成为“神”最简单的方式之一。

当然，如果想要真正做到这一点，需要有极强的耐心。我们如果能把平时一件又一件的小事做到极致，那我相信：这种习惯一定会为你带来好运和机会，让你终身受益！

低学历已经代表了我们在学习能力上可能存在不足，因此我们在学习这个板块上可以选择异于过去的方式。王阳明说："人须在事上磨练，做功夫，乃有益。"在事上学、在事上练，跟人学、跟人练同样可以让你有所积累并完成逆袭。

人须在事上磨练，做功夫，乃有益。若只好静，遇事便乱，终无长进。那静时功夫，亦差似收敛，而实放溺也。

——王阳明

成为 1% 关键点

不必纠结学历重要还是能力更重要。有学习的心态，不管学历高低，都存在无限可能；没有学习的心态，即使有再高的学历，也终究是昙花一现。

拥有学习心态，做一辈子的"学生"。

第 3 章

圈子重塑：
圈子对，成长翻倍

请你带着以下问题阅读

1. 圈子对一个人的影响有多大？
2. 你会需要一段独处的时光吗？

第 1 节

重视环境：你的第一个圈子

人与人之所以不同，除了遗传因素外，还有一个重要的影响因素，就是环境。

人是环境的产物。环境对一个人的影响，从一出生就开始了。即使人到中年，环境还是会或大或小地影响一个人。

人表面上看起来属于独立的个体，但我们的语言、动作和思维都脱离不开我们在人生中一个又一个的圈子。换句话说，我们是谁其实不是完全由我们自己定义，而是我们所接触的圈子带来的影响的总和。

很多人说，要选择好的圈子，但我们人生中的很多圈子是没法自己选择的。

首先，家庭是所有人人生中的第一个圈子，由你和你的亲人组成。这个圈子会长期存在，对你的影响非常大。其次，就是我们的班级圈、社区圈等，这些圈子大都也无法选择。很多父母想让子女读更好的学校、住更好的社区，其实也是在给子女换圈子，换一个更有可能成才的圈子。

对于大部分人来说，很多圈子都是被动选择的。那么在这种情况下，我们如何借助这些圈子让自己变得更好呢？

▲ 图 3-1　重视环境

成为圈子里的“大学者”

很多人都会遇到一个问题：如果自己的第一个圈子不优质，该怎么办？以我自己为例，我的父母都是初中文凭，外公外婆都是小学文凭，那我能向他们学什么呢？可以学的内容有很多。

比如，我外公是一个特别善于储备的人。小时候，他经常去砍很多柴堆在家里。我问外公："我们的柴火不是已经够烧了吗？怎么还要砍柴？"外公说他们小时候去山上砍柴要走很远，如果快到过年的时候柴不够烧，又遇到天气不好，那可能就没有柴烧了。外公去山上砍柴的这一幕让我记忆深刻，他对我说的话，深深地印在我的脑海里。我发现我也有了提前储备的意识，包括创业，我会储备好公司的现金流，谨防一些突发的情况发生。

智慧来源于生活，家里的长辈可能没有多高的文化水平，但他们拥有面对生活的智慧，这些就隐藏在点点滴滴的日常小事中。他们的人生厚度比我们更深，只要我们认真观察，非常有助于我们的成长。

比如，我的外婆在我小时候跟我讲过一件事情：她年轻的时候跟人吵架，被对方一巴掌打到耳朵上。从那以后，外婆听别人讲话都是断断续续的。

后来，我自己每次生气暴怒的时候，都下意识地告诫自己一定不能摔东西和伤害别人，这也让我在青春期的时候没有犯下不可挽回的错误。

一个人的原生家庭是无法改变的，我们要想办法从原生家庭里面学到一些东西。不管发生了什么，都可以问自己：我从这件事中学到了什么？要抱着这种心态去学习。

成为圈子里的破局者

我之前说过一句话：如果父母的思想正确，那他们现在过的人生应该是你羡慕的；如果不是，那说明父母的思想可能不适合你。当你的家庭整体认知水平都不是很高的时候，你最好不要听家里人的意见。这并不是叛逆，而是让你成为更好的自己。

当年高考成绩出来以后，我发现我的分数超过本科线，可以选择上一所不错的大学。当我把这个好消息告诉父母的时候，我父亲对我说："上什么大学，浪费钱，还不如出来跟我一起赚钱！"

我从小就坚信：读书改变命运。我给自己立下的第一个目标就是考上大学，成为家里的第一个大学生。因此，不管父亲如何反对我，我都坚持必须要上大学，大不了我自己挣学费和生活费。

高考结束后，我自己独自去外面打工挣钱。我父亲也被我的决心影响，最终选择支持我去上大学。而我也用实际行动告诉了他上大学对于我的意义。上大学对于我而言就是最优选择，也是最正确的选择。

直到今天，我见到了很多深受家庭影响的人。他们的父母要求孩子做这做那，给孩子上了很多紧箍咒。如果你遭受过这样的经历，我想对你说：一定要相信他们是爱你的，但你要慢慢摆脱这些束缚，走自己认为正确的路，然后用结果回馈他们。

如果我听父亲的话，那我现在的人生可能一眼能望到头。我不喜欢那样的生活，因此我必须要“叛逆”，也必须要“破局”。

成为圈子里的表率者

当你已经成为第一个圈子里的认知“天花板”的时候，你就应该用行动去做表率，让这个圈子变得越来越好，这也是常说的从个人成长到帮助家族改变命运。

比如，你想让全家族的人践行好孝敬文化，那你自己就得先做表率。这样其他人都会看在眼里，也会自然而然地尊敬长辈。你想让全家族的人都意识到学历的重要性，你就得多和他们讲你自己因为学历而改变人生轨迹的故事，这也是用亲身经历做表率。

当大家都同频的时候，家族的磁场就会产生巨大的变化，整个家族也会变得越来越好。

当未来有一天，我们自己也成为家长的时候，我们做的所有行为都会被小孩铭记，因为好的表率会影响他们一生。

重视自己在人生每个阶段的第一个圈子，要有圈子意识，不断告诉自己：圈子会影响我的命运。未来我们有选择权的时候能选择更多向上、向善的圈子，这样我们才能有一个更好的成长环境。

人是环境的产物，你身边的人、事、物时时刻刻都在影响你，要么是消耗，要么是滋养。如果你身处沙漠而遇到危险，不要挣扎，也不要心存侥幸，要趁着还有力气赶紧逃离。人最后会成长成什么样，不取决于你的想象，而取决于你在什么样的环境下生存。什么样的环境会把你潜移默化地塑造成什么样的人，好坏皆是如此。

第 2 节

远离假装：不要怕独来独往

我不再装模作样地拥有很多朋友，而是回到孤单之中，以真正的我开始了独自的生活。

——余华

孤独是一种力量，是创造的伴侣，是个体进步的源泉。社会常常强调团队合作、群体行为，将孤独视为一种消极、可怕的状态。然而，我们在个体成长、创新探索的过程中往往需要一段属于自己的孤独时光。所以，人生大部分时间我们需要独处。如果你不能对独处有一个清晰的认识，那你可能会陷入一些困境中。

人类早期本来就是群居动物，只有群居，才能让安全、狩猎、繁衍得到保障。从某种意义上来讲，我们的身体里就带有惧怕孤独的基因，因为孤独会让我们失去安全感。但与之同时，早期人类在独处的过程中，因为失去了群体的保护，需要保持更高的警觉、更独立的思考，这反而还促进了人类的进化。

所以，惧怕孤独也许是我们的基因使然，但孤独能促进我们进步。

孤独是成长的催化剂

在上大学以前，我是一个特别喜欢交际的人，只要有合适的圈子，就热情加入，但同时我失去了很多独处的时间。上大学期间，我经常打交道的朋友只有一个，与其他的人都交情浅浅，因为我明确了自己的目标，并且认为如果认识这群人并不能很好地激励我，那么我宁愿“不合群”。

后来，为了减少舍友打游戏对我的影响，我直接搬出去一个人住。别人无法理解，觉得我性格有缺陷，和他人相处不好。但事实上，我和舍友的关系很好，只是我自己选择这样做而已。

独来独往，减少了很多人和事对我的干扰，让我有了更多独立思考的空间和时间，我当然可以进步很快。

当然，孤独并不一定只代表远离人群，有时候也是心境的孤独。即使你处在人群之中，你的思想和你的心境没有人理解，也是一种孤独，这种孤独也能促进自己的成长。真正的孤独不是没有人陪伴，而是你的思想无法与他人分享。

但一个人如果能够在孤独中，独自消化自己的情绪感受，并从中认识真正的自己，发掘自己的潜力，那孤独就是一剂良药，能促进我们成为更好的自己。

有位名人在一次演讲中说："大多数人害怕孤独，因为他们在静默中听到了自己内心的声音，但正是这种声音指引了我。"

直面孤独，会让我们变得更加坚强和洒脱。

孤独激发创造力

孤独也往往是创造的伴侣，世界上很多伟大的创造都是创造者在独处的时候思考出来的。

爱因斯坦常常一个人沉浸于思考中。他的相对论不是研究小组合作发现的，而是独立思辨的产物，让世界重新认识了时空。

我在创业遇到特别大的阻碍的时候，会和很多人讨论后将自己隔离起来独处。在这段时间里面，不让任何人打扰我。我开始静下来听从内心真正的声音，梳理一些新的解决方案，原因是独处的时候，我更容易进入心流的状态，更容易不受干扰地去想问题、解决问题。

有一次，一位资深的行业大人物和我聊完以后表示要和我一起开一家公司，他提供前期所有的资金和资源。这对当时的我有巨大的诱惑，于是我跑到一座山上，找了个地方一个人坐下来。当时内心出现两种声音，一种声音说："这么好的机会，你错过了，以后别人就不愿意和你合作了！"另一种声音说："你有你自己的主线，这只是一次诱惑！"

我问了自己很多问题，理清了思路，最终拒绝了这位大人物的邀请。在独处的时候，我突然想起我的一位恩师提过的"三界"："戒""界""借"。因为这次事情，我对这 3 个字又有了新的解读。

"戒"指要戒掉自己的脆弱，拥有拒绝任何人的勇气；要戒掉自己的贪欲，让自己不受贪欲掌控。

"界"指要明确自己的事业界限，好好行驶在自己的轨道上，不随便上别人的车，也不随便踏入别人的领域，做一个有边界感的人。

"借"指在创业的过程中要不断借助外力来让自己的事业变得更好。

最后，希望你不要惧怕独来独往，孤独也并非寂寞的一种表现，而是一个人从世界中发现自己的一种方式。如果你暂时看起来不那么合群、不那么被认同、没什么朋友，不要责怪自己，因为在孤独中，你会更容易听见自己内心的声音，这个声音会带你到更远的地方！

成为 1% 关键点

想要拥有良性发展的圈子，需要两个本领：一是破局重塑，二是主动率领。当你成了圈子中不断破局重构、引领向上的勇士的时候，你的人脉圈自然而然就扩大了，你的能力也得到了成倍的提高。

第 4 章

社交法则：如何与他人交往

请你带着以下问题阅读

1. 拥有良好人脉的关键因素是什么？
2. 你能给他人带来获得感吗？
3. 周围的人总是反对我，我为此苦恼，是不是太脆弱了？

第 1 节

飞轮效应：经营人脉的起点是经营自己

我去一些大学做讲座的时候，经常有学生问我：“兴哥，你是怎么经营你的人脉的？有没有什么诀窍，可以分享一下吗？”

我每次都回答：“我从不去刻意经营人脉，我始终坚信，好的人脉靠吸引。人与人之间就像磁铁，只可吸引，不能硬融。”

《三国演义》中，刘备初次与关羽、张飞二人相遇时，关羽和张飞的武力都很强。武力强的人只会服从武力更强的人，刘备想结识这二位好汉，但自己的武力完全不如关羽和张飞，怎么办呢？

刘备劝和关羽、张飞后，意味深长地说了一番话，大概意思是：目前正值乱世，乱世则必出英雄，像你们二位这样的英雄，正是用武之时，何必非要屈身受制于人呢？岂不闻：“时势造英雄，英雄亦适时也。”至今黄巾造反，天下响应，朝廷诏令各个州郡自己募兵守备，是因为朝廷力不能及，兵溃将乏。如此一来，必然造成各方豪强天下割据，黄巾平定之日，必是群雄崛起之时，那时到底是谁的天下就不好说了。

当刘备想结识关羽和张飞的时候，刘备并没有去硬融，而是在充分尊重二人的基础上，凭着自己的远见卓识吸引了二人。

刘备说完以后才慢慢道出自己还有一个隐藏身份：汉室宗亲。关羽和张飞更加折服，后面桃园三结义，就是顺理成章的事情了。

今天，很多人把人脉经营的顺序搞反了，在还没有成功吸引对方的时候就急于跑进别人的世界里，完全不考虑自己是不是对方愿意交往的人。

自己是人脉关系中的第一人

人脉经营是成功路上很重要的一环，网上有很多教人怎么经营管理人脉的方法，如人脉管理几大手册、人脉管理几大技巧、人脉管理几条秘籍等。但我认为这有点本末倒置，经营人脉的起点应该是经营自己。

我上大学的时候遇到过一个人，他极其喜欢结交朋友，看似非常风光。他不仅熟悉学校里面大大小小的人物，还经常会看到他跟学校外面的人一起吃饭、娱乐。有一次我问他："你现在人脉这么广，以后路子肯定很多，能不能带带我？"

他说："我认识的 ×× 哥现在是做 ××× 的，一个月赚 ×× 钱，我认识的 ×× 姐现在在哪里哪里，发展得很不错，到时候介绍给你认识……"

我听他讲后，实在找不到任何切入点，只好开玩笑地说："好的！以后跟你混了！"

毕业以后，有一天刷到他的朋友圈："迷茫，不知道去哪里。"后来我从我大学的一个朋友口中得知："他毕业后无所事事，跟那些之前认的大哥大姐没有什么来往。"

因此，人脉的起点应该是自己，只有把自己修炼得足够强大，才能接得住他人抛过来的橄榄枝。

近悦远来，离你最近的人是你自己

叶公问政。子曰："近者悦，远者来。"

叶公问孔子怎样治理政事。孔子说："让国内的人喜悦，让国外的人来投奔。"

让自己身边的人好起来了，那么其他人自然也会源源不断涌来。

在这个基础上，我们还应注意：离你最近的人正是你自己本身。社交的本质是能量的碰撞和交换，你自己的状态、思想决定了别人怎么去对待你。所以，人脉经营表面上看起来像是不停地向外求，其实本质还是要不停地向内探索。

比如，为什么当我们面试的时候要打扮得干净整洁？在某些行业里，可能还需要穿一身正式的西装。有人说这是对面试官的尊敬，其实不完全是这个原因。面试的本质和社交的本质一样，靠的是价值观和能力的吸引，而非说服。面试官所提问题往往具有多面性，没有标准答案，这充分说明我们抱着说服的态度去面试很可能折戟。因此，我们把自己打扮整洁有利于在形象状态上吸引对方，回答问题是为了在价值观和思想上吸引对方。

当一个人不管外在形象，还是内在修养方面都非常好的时候，他的人脉发展必然一帆风顺。

人脉吸附核心：获得感

当一个人能持续地给予他人获得感的时候，他就已经拥有了别人对他的信任。

那么什么是获得感呢？我想每个人都可能遇到过这几类人：

（1）无趣又无知的人。

（2）有趣但无知的人。

（3）有趣又有智慧的人。

看到这里，你一定会问我，是不是漏掉了一种类型：有智慧却无趣的人？

其实并不是，真正有智慧的人一定也是非常有趣的，如果他还不够有趣的话，证明还不具有真正的智慧。

面对这 3 种类型的人，你最愿意和哪类人交朋友呢？我想很多人会毫不犹豫地选第三种，因为你既能在他身上获得情绪价值，还能时不时地学到一些智慧，所以没有人会拒绝和第三种类型的人交朋友。

很多创作者每天都花大量时间写内容，很少有时间出去社交，但他们的人脉却比普通人广很多，因为他们一直在不停地向外界输出很多有价值的内容，而且非常真诚，别人在他这里有获得感，自然也会愿意和他交往。

我以前会在社交平台分享一些成长感悟、经验，都是正能量，受到了很多同频的人的喜欢。在我到一些城市出差时，与一些网友之前虽未谋面，但见面后他们都把我当成老朋友对待，跟我说很多心里话，十分热情地招待我，让我感到很温暖。

这种待遇让我明白了人脉经营的真谛：先让自己成为一个价值提供的枢纽，让更多人在你这里获得机会、情绪价值、鼓励和经验。当接触你的人都非常有获得感的时候，你自然也就拥有了人脉。

在意内核，而非表象

在人脉经营上，内核很重要。一般来讲，一个人的内核包括：他的社交规则、他的底线、他的价值观、他的学识智慧等。如果一个人缺乏稳定的内核，他就会格外地注意形式。于是他会开始去模仿他看到的那些表象，比如：刻意用一些手段去攀附关系、不断地讨好别人，为了满足别人而做很多自己并不想做的事情。

有一次，我的一个不太爱喝酒的朋友托我去认识另外一个人，一上来就让我看能不能找机会把对方约出来吃饭喝酒，我很不解地问："为什么你觉得对方会同意出来喝酒呢？"他说："你们上次不是在某某山庄吃饭喝酒吗？你们还发了照片到朋友圈，他应该很喜欢喝酒吧。"

我回想了一下当天我跟那位朋友在山庄的场景：我们聊各自最近的突破及业务上的其他事情，聊得很嗨，于是点了一瓶度数不高的青梅酒。我俩酒量都不高，也只喝了一点点，但没想到把当天的照片发朋友圈以后，会被朋友误以为是在喝酒应酬谈业务。

朋友之间吃饭喝酒是表象，能够聊得来并且互相给予价值才是本质。

两个内核相当的人在一起，不管是通过吃饭喝酒聊天，还是在路边找个椅子坐着聊天，都有非常大的价值。

因此，当你的内核修炼得足够强大的时候，你将不会再选择那些令人头疼的经营人脉的方式，将从容和淡定地面对每一个人。

要质量，而非数量

我在读大学的时候，在学校里面除了我的室友以外，只有一个好朋友。

下面我就讲一讲我们是怎么成为好朋友的。

有一次学校组织创业比赛，他上台演讲，讲得激情澎湃。我从他讲的内容里感觉他是一个非常有想法，而且还很上进的人，于是就开始向周围的人打听他是哪个学院的，哪一级的。

我了解到他的详细信息后，想要直接加他，但克制了一下，先联系了他们学院一位和他关系不错的同学，请他帮忙传个话。大致意思是，计算机学院有一位同学十分欣赏你，觉得如果你的想法和他的想法结合起来，可能会产生比较好的效果。

当晚他就添加了我的 QQ，问我具体怎么想的。我趁机把他约了出来，在倾心交谈后，对方感觉特别有收获。从那以后，我们就成了很好的朋友。

通过这位朋友，我直接认识了学校每个二级学院的一些不错的人，如学生会主席、一些在校就开始创业的人。后来我在学校里面运作我自己的创业项目的时候，这些人帮了我很大的忙，有的人成了我的创业小伙伴，有的人成了我的合作小伙伴。

毕业后，我也一直践行这个原则，经营人脉：要质量而不是数量。

泛泛之交对于个人成长与发展并没有什么实质的作用，优质的人脉虽然可遇不可求，但只拥有那么一小部分就足够了。这个原则不在于外界，而在于你自己。你自己肤浅，就会吸引一帮狐朋狗友；你自己深邃，就可以吸引正人君子。

既然我们知道了经营自己对于经营人脉的重要性，你一定会问：我们经营自己有哪些更好的方式方法呢？

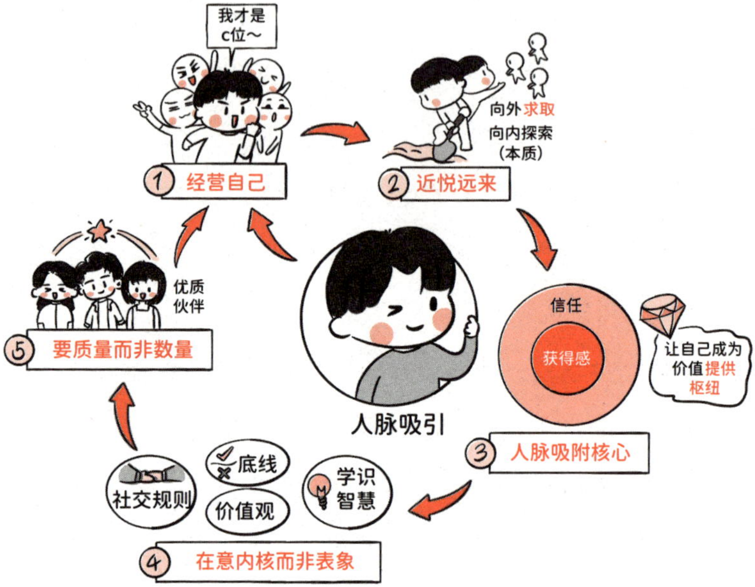

▲ 图 4-1　如何与他人交往

我罗列了 5 点，可进行阶段性对照。

（1）在自己的能力范围内不断地向想结识的人提供价值，不断帮助其他人，广结善缘，甘为人梯。

（2）提升自己的个人魅力。（如果把你身上所有的标签都去掉，你是谁？别人会不会愿意和你在一起？）

（3）多给他人正向反馈。感恩、夸奖、鼓励、安慰等都是正向反馈。

（4）足够谦卑，不过度展现自己。

（5）让更多人看到你的改变和成长。比如，当你战胜一个困难之后，你可以把这段经验和感悟真诚地分享出来。

荣格曾说："你连想要改变别人的念头都不要有，要学习像太阳一样，只是发出光和热。每个人对待太阳的反应不一样，有的人觉得刺眼，有的人觉得温暖，有的人甚至会躲开。"

"芝兰生于深林，不以无人而不芳。"修好自己才是经营一切关系的关键，成为太阳，静待自身光芒万丈。

第 2 节

对抗封闭：不是社牛也能有效社交

社交是满足人类基本需求的方式之一，可以让我们获得认同感、归属感和安全感。但现在我发现很多人都存在一些社交的障碍，造成这个障碍的原因有很多，如环境因素、性格因素、认知因素等。

有一次，我接我外公来城里玩。由于平时他很少进城，我以为他会很不习惯，结果他在小区里面和其他老头、老太太聊得非常好。他来的那段时间，仿佛整个小区都活跃起来了。当时我就在想："为什么很多时候，我不敢主动和人打交道呢？我外公只有小学文化，为什么能和陌生人聊得那么好呢？也没有人专门培训过外公呀？"

于是，我开始研究起这个问题来。

我开始分析他的成长环境和我的成长环境。外公有两个亲兄弟，在那个年代，基本上一家都会有很多个孩子，孩子们的亲兄弟姐妹很多，再到下一代的时候，亲戚会更多。对于每个人来说，第一次的社交练习场所是在家庭里。在有足够多的兄弟姐妹的家庭，在朝夕相处的过程中，每个孩子都能得到社交锻炼，提升社交技巧。比如，在与兄弟姐妹相处的过程中，学会感知情绪，步入社会以后，就能很敏锐地洞察他人的情绪，从而给出相应的回应。相对于外公，我们这一代人大部分都是独生子女，家里只有自己一个孩子，缺乏与同龄孩子亲密交往的经验。如果不喜欢走亲戚，就更缺乏与同龄人交往的社交经验了。

我虽然从小不愿意跟不熟悉的人交流，觉得自己还有点社恐，但这些年，我认识的人却非常多，以至于身边的人都以为我是社牛。

其实，不管自己是否擅长社交，在必要的社会交往中，如果讲究一些方法，也很有可能成为别人心目中的社牛。

令人难忘且愉悦

在与人交往的过程中，如果能做到让人难忘和让人愉悦，你的社交就是非常成功的。

有人说：“若她涉世未深，就带她看尽人间繁华；若她心已沧桑，就带她坐旋转木马；若他情窦初开，请为他宽衣解带；若他阅人无数，请为他灶边炉台。”

这段话说的是在爱情中根据对方的情况来选择与之相应的相处方式，而在我看来，这段话也蕴含了社交成功的精髓。

有一次，一个客户专门从别的城市赶来拜访我。他很重视这次拜访，提前一个多星期就跟我预约了。我已经做过很多次客户接待了，还算有经验。我在想：“怎么做能让他对这一行留下深刻印象呢？”当然，还要很开心。我想到，像他那种身居高位的管理者，平时很忙碌，来这里要放松放松。于是他来了以后，我带着他在院子里烧火煮茶，带他去逛热闹的夜市，带他走进校园和大学生们交流。

当时我的同事都很惊讶：“这么重要的客人，为什么不找家高档的餐厅吃饭？你之前不是这样的。”

拜访结束后，我跟他们解释：“虽然我们这一次也可以像之前一样订一家高档餐厅，但是对于他来讲，可能就是常态，并不稀奇。如果我们带他做一些平时都不会做的事，去一些平时也不会去的地方，在这个过程中照顾好他的感受，或许会更好。”

对这次行程对方反馈非常满意，我们还保持了长期的联系和合作。

让他人有难忘和愉悦的感受，并不一定就是一味地顺从和讨好他人，而是在和他人打交道之前，认真去想一下什么是对方稀缺的经历。找到对方生活或工作中稀缺的经历并用心安排，带他去体验，让对方获得愉快而难忘的感受，让对方体会到你的用心，他会更愿意与你交往。

真实谦虚、不装不端

看完上文，你会疑问：生活中有很多社交都是即时性的，如你去参加一个晚宴，或者朋友组局的交流会，会遇到很多陌生的人，你事先也不了解他们的工作和生活经历，那该怎么办呢？

我的做法很简单，就是不装不端，做真实的自己。

什么是装和端？现在，总有一些人身上只要有那么一个头衔，就觉得自己高人一等，在很多场合表现出一副高高在上的姿态。所以在装和端的人群中，真实和谦虚就显得尤为重要了。

曾经朋友给我推荐了一个目标客户并在客户面前夸我多么专业。客户问了我一些问题，我对答如流。到最后，有一个问题我确实不知道，本可以搪塞过去，但我选择了对他说：“不好意思，这个问题确实超出了我的专业范围。我没有准确的信息和数据，无法回答您。”朋友面露尴尬。但第二天，朋友跟我说：“他觉得你很靠谱！很奇怪，明明有一些问题你没有回答出来。”

我说：“因为他能辨别出来。”

我的思考逻辑很简单，我觉得对方问的这个问题他自己一定也思考过，很可能问过很多人。如果我为了维持所谓的专业人设，当然可以搪塞过去，但对方并没有那么好糊弄。

我经常被很多大学邀请去给学生演讲，去之前学校都会非常隆重地宣传一下我，把我的头衔弄得很大。但有一些学生问到的一些问题，我的确不知道，也不能胡说八道误人子弟。

所以，不要为了所谓的“人设”或“别人口中的你”而活。在每一个场合里都能真实做自己，那你一定可以收获很多靠谱的朋友。

我进入一些新组织的时候，常常会先自嘲，暴露自己的缺点。如果有人因此讨厌我，那我也正好省去社交。但一旦有人知道我的缺陷还愿意和我真正做朋友，那这个人对于我来说就是极其重要的。

做自己，表达真实的感受。那些在意的人对你来说不重要，真正对你重要的人不会在意。

放下自己的身段和包袱，让自己真正谦虚，不卖弄认知、不故作玄虚，这就是最重要的社交秘诀。

勇敢地展现

在一个对的圈子里面，如果有展现机会，一定要勇敢地展现自己。如做自我介绍的时候、发言的时候、一起干活的时候等。总而言之，不该你上的时候，不要硬上；该你上的时候，一定不要故作低调。

现代的社交，说复杂也复杂，说简单也简单，你能吸引对方的注意力，就获得了被别人了解的机会。如果你有幸在一个高质量的圈子里，却没办法让别人更多地了解你，那你就失去了很多连接的机会。

千里马也得在有人的地方跑才有可能遇到伯乐，如果千里马独自在无人的深山老林里跑，那么跑完一生都遇不到伯乐。

有一次，我去参加一个线下的聚会，里面有一位男士看起来非常朴实，全程也没有很多特别的表现。最后在大家大合照、拍视频的时候，男士站了出来，拿着手机运镜，动作专业又炫酷，非常主动地给每人拍了一段短视频。大家都很感动并牢牢地记住了他。后来我们才知道，他其实是孵化过上千万粉丝博主的 MCN（指与内容创作者合作或直接生产各种内容的任何实体或组织）老板，在场的大部分在短视频方面有需求的人后续都和他发生了连接。

在适当的时候，充分勇敢地展示自己，会给自己带来意想不到的收获。

重视关系

重视关系是一个人能做到真正有效社交的关键。当通过各种各样的方式认识了很多人以后，我们还应该重视维护关系，而不是继续不停地去认识新的人。

人的精力有限，一生中你只需要几个真正的好友即可。我们大量社交的目的也是帮我们自己筛选出这几个最关键的人来，兴趣相投、价值观一致、品德优秀，是可以陪伴一生的挚友。

如果你遇到了这样的人，那你一定要重视，花时间去陪伴。比如，对方心情不好的时候陪对方散散步，陪对方做一些他自己喜欢的事情。

在人生很多关键的时刻，如果有几位挚友能像家人一样支持你，你就是人生赢家。

第 3 节

跨越障碍：
周围的人总是反对我，应该怎么办

在社交上，很多人都有障碍。我通过和很多人沟通，发现了一个让我们有社交障碍的隐藏原因：在平时的生活中经常被否定，得不到正向反馈。这种情况可能出现在各种场景里：工作、学习，甚至家庭。

曾经有一位朋友告诉我：她现在特别怕和别人打交道，甚至有时候不敢和别人交流。我一步一步深挖她对于社交恐惧的原因，发现她从小到大经常被身边的人否定。她对我说，她的父母从小就对她很严厉，很多事情都要求她做到完美，如学习。她印象最深刻的一次就是期中考试数学考了 95 分，当她兴冲冲回去和妈妈分享的时候，妈妈却拿起了卷子看她那 5 分是怎么丢的，然后一直严肃地教导她要牢记错误原因，引以为戒。她说这件小事情让她记忆非常深刻。

我也有和这位朋友共鸣的地方，自己已经在能力范围内做得最好了，得到的却是父母吹毛求疵的“不认同”。

大部分从小接受否定式教育的人，很难有很好的社交能力，也很难去赞赏别人。原因很简单，自己的内心都缺乏“被认同”感，更没办法真正地去认同别人。

如果你经常被亲人、朋友、同学和同事否定，不妨和我一起探索一下由内而外的解决方式。

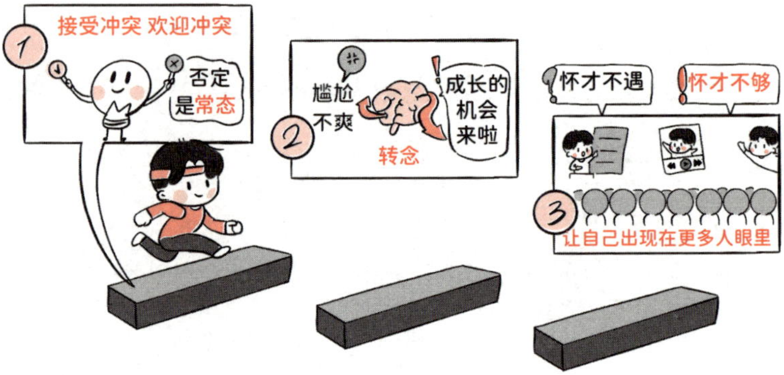

▲ 图 4-2 周围人总反对我怎么办

接受冲突，欢迎冲突

在这个世界上，不管多么对的“观点”都有相反的一面，因此，被别人反对或否定是非常正常的事情。我们要把它当作一种常态，而我们要做的就是去接受一切冲突。

我之前辅导过的一个人在一家 500 强企业工作，在职场中他遇到了一位脾气特别暴躁的同事。他和这位同事是平级关系，由于这位同事的情绪特别不稳定，经常给他提出一些无理的要求。每当他拒绝对方的时候，对方就会表现得特别生气。他害怕和这位同事发生争执，有时会配合这位同事去做那些不靠谱的事。他的内心会痛苦，一方面他不想把这件事情闹大，让领导觉得自己小肚鸡肠，另一方面内心又不愿意去配合对方。

我告诉他，在职场中，即使你遇到一个情绪稳定的同事，依然可能会在工作上发生冲突，这是常态，不能躲避。人与人之间总会有不同意见，在家里和自己的亲人都可能会发生冲突，更别说其他人。你的最佳解决方式就是下一次当他再向你提出不合理要求的时候，要勇敢地说“不”，同时还要告诉他为什么。如果他不接受或者因此和你吵架，那你就有理有据地反驳他，也不用担心其他人会怎么看你。

后来，他照我说的做了，说那位同事再也没有继续要求他去做一些他不愿意做的事情，对他的态度也发生了变化，他们现在相处得特别好。

为什么我鼓励他不回避冲突，甚至要和对方据理力争呢？

很简单，因为人在冲突中更容易暴露表象之下的东西，而双方可能会因此产生更深的了解。因此，我觉得冲突并不一定是坏事，不要刻意躲避。

在一次企业家商业论坛上，万达集团创始人王健林向马云发问："万达、百度和腾讯宣布共同出资成立万达电子商务公司。有人给我们取名字，说我们叫'腾百万'，更可恨的是说我们有一个名字，叫'玩淘宝'。第一，你认为我们会是玩淘宝吗？第二，假设我们 3 个是梁山的晁盖、宋江和吴用，现在想拉你入伙，你上不上梁山呢？"

当时，几家公司在互联网领域竞争激烈，王健林提出这个问题，很可能引发一场冲突性的"舌战"。

马云回答说："任何一个组织，首先要问你的使命是什么，愿望是什么，共同的价值观是什么，要得到的结果是什么。只有这样，才能建立一个了不起的组织。梁山 108 将，合在一起的核心是替天行道，他们共同的价值观是江湖义气，兄弟为大。他们很遗憾，没有建立一个真正的愿景，我觉得这个组织的问题在这。你们 3 家我觉得有点像凑拢班子，王健林需要完全彻底的改革，进行转型，我深刻理解。另外 2 个兄弟觉得，反正也不是自己出钱，或者出一点点钱，有人去跟阿里巴巴竞争，很高兴。大家真的这么想，因为这个市场很大，联合在一起，可以做到更大的市场。未来真正机会所在，就是阿里巴巴有机会能够跟万达这样的传统企业结合好，大家共同开拓未来，创造未来，而不是战役上的防御、战役上的抵制，不然任何结合都是一盘散沙。”

马云并没有逃避这个冲突，而是直接指出了对方存在的问题，并且还提升到了整个市场行业的高度。在这个过程中，王健林更加了解了马云做事情的格局。虽然他们在公开场合互相争执，但他们因此更加互相了解。

这种事情从古至今有很多。俗话说：“不打不相识。”冲突的结果完全由个人的心态决定，你若抱着欢迎的心态，每一次和他人的冲突都可能会变成你成长的肥料。

让自己不爽、尴尬都是成长的机会

当我们被身边人否定或反对的时候，我们的第一反应就是不爽。如果身边人总是在有更多人的场合公然反对你，你会感觉到非常尴尬。此时，如果我们能转念，认为不爽和尴尬可以成为自己成长的机会，那么，每当有这种感受的时候，就会觉得：我的成长机会又来啦！

之前我们的项目参加了一个政府的评审活动，需要我去现场完成路演。路演结束后，有几分钟的答辩时间。当时场下的专家问了个非常尖锐的问题，我回答得结结巴巴。在现场我的感受是特别不爽和尴尬，因为我们项目被批得几乎一文不值，我甚至想和那些专家互怼，质疑他们过分严苛。

但我很快就转念，静下心来想了一下：别人和我无冤无仇，没必要为难我。于是结束后，我主动去和那位“最有攻击性”的专家聊天，对方说：“好的项目要有更好的问题来支撑。如果我们问你的都是一些和其他项目一样普通的问题，那就凸显不出来你们项目的价值，在场的领导也感受不到你们项目的特别之处。”原来，人家内心是认同我们的。我回想现场他提的一个尖锐的问题，发现项目确实有很多局限。经过这件事以后，我对项目的看法更加完整了。

因此，不要怕被反对后的不爽和尴尬，要怕不爽和尴尬后自己没有任何改变。

到底是“怀才不遇”还是“怀才不够”

现实中有一些人总是接受不了别人的反对，总是认为自己的想法和做法是正确的，认为自己才华出众，只是没遇到伯乐。

我见过一些拥有这种思维的人，总觉得自己怀才不遇。

我认为大部分的“怀才不遇”其实是“怀才不够”。

怎么理解呢？比如，你认为你在某方面很有才华，就缺一位贵人给你提供施展才华的舞台，你懊恼为什么没有人发现优秀的你。暂且不说你的专业能力是不是真的足够优秀，从另外一个角度上来说，让别人更好地了解我们自己也是重要的社交才华，让自己出现在更多人眼里也是一种才华，让别人愿意推荐自己也是一种才华。我们不被关注，是不是因为缺少才华呢？

有人说：“我身边的人见识和格局都比我低很多，我的才华很难被识别。”我的答案是：选择与谁同行也需要才华。

真正的才华不仅仅体现在某一个方面，而是一个人综合品质的累积。

《三国演义》中诸葛亮在没出山之前，就已经美名远扬。当徐庶离开刘备的时候，徐庶推荐了诸葛亮。如果诸葛亮没有才能、为人也不被推崇，那我相信没有人愿意推荐他。如果不推荐他，他也失去了一个施展才华的机会。

第 4 节

赢得尊重：如何干净利索地拒绝别人

> 不要太乖，不想做的事可以拒绝，做不到的事不用勉强，不喜欢的话假装没有听见。你的人生不是用来讨好所有人，而是善待自己。
>
> ——村上春树

在社交中，有的人会随着朋友人数的累积变得越来越轻松，有的人却因为交了越来越多的朋友而越来越累。我问过很多人，大部分人为了维护关系会去帮朋友做很多事情。朋友的数量多起来后，一人一件“小事”，就堆成了自己的“大事”，可既然是朋友，怎么能不帮呢？这是一类人遇到的问题。现实生活中还有一类人，他们对待所有的关系都一样，不管是家人还是朋友，对别人的“委托”和“期待”都照单全收，弄得自己非常累。因此，我要结合自己的亲身经历专门来谈一谈：如何干净利索地拒绝别人。

把自己当回事

拒绝别人的第一条：把自己当回事。这句话说起来很简单，做起来并不容易。现实生活中不把自己当回事的人很多。大部分人是为了照顾好别人的感受而委屈了自己，甚至引发精神内耗，导致自己活得累。那么，是时候学习怎么把自己当回事了。

1. 制定自己的规则

如果你没有自己的规则，那么别人就可以肆意地侵略你的领地。如果你自己不制定规则，就休怪别人不尊重你，就像国与国之间必须设国界线，超过了就是侵犯领土，可能引发冲突。但如果不设国界线，何来侵犯这一说呢？

我以前经常会有一些应酬，难免要喝酒，但我对酒精过敏，每次应酬的时候要陪着客人喝，不行了就去吐，吐了又继续喝。有时候遇到一些很喜欢喝酒的朋友，也要陪着喝几杯，久而久之，我的身体受不了，我自己也非常讨厌这种状态。于是，我想了一个办法，每当有人约我出去吃饭的时候，我会先给他微信留言，原文如下：

易兴约饭使用手册：

为了让我们聊天更愉快、更有价值，请您仔细阅读以下注意事项：

（1）我不抽烟。

（2）近期无法喝酒，请不要强求。

（3）不谈个人隐私。

（4）为了避免买单撞车，请一定让我买单。

（5）如有忌口或特别禁聊的话题请一定提前告诉我。

（以上使用手册会给所有约私人饭局或见面的人发，请不要多想，预祝我们聊得愉快。）

发完以后，如果对方做不到，那我宁愿不见面。这样我自己轻松了很多，约会时，可以专心地聊事情，而不是用其他的方式来表示我对对方的照顾。如果我们对对方真的有价值，对方不会因为你不喝酒而不和你来往。如果因为不喝酒就不和你来往或合作，那说明这个人看中的并不是你的价值，你永远只能做对方情绪价值的消耗品。

2. 设置交往门槛

不管你现在处于什么阶段，都应该设置交往门槛。很多人认为交往门槛是名人或有一定地位的人的专属社交屏障，其实每一个普通人都可以设置一个交往门槛，这不是自恃清高，而是让自己的生命质量得到保障。

当你有自己的交往门槛以后，你会发现：真正的朋友绝对不会让你感到为难。

我自己的交往门槛很简单。

（1）有德：有品德，这是重中之重，我的朋友可以不大富大贵，但必须是一个有品德的人。

（2）有一定的才华：能激发我、影响我、让我变得更好。

（3）奉行长期主义：我不喜欢和追求短期利益的人在一起玩。

这些交往门槛定出来以后，我会经常在各种场合宣讲，不停地对外讲。这样，有的人自然而然就不会来与我交往了，我也因此筛选掉了一些人。

你喜欢什么样的人、不喜欢什么样的人、倡导什么样的价值观、不倡导什么样的价值观，都要经常向外界宣告。这会给你建立一个天然的交往门槛，你会吸引越来越多同频的人在你身边。

曾国藩和李鸿章之间有一个故事特别有意思。

李鸿章刚刚投到曾国藩门下时，曾国藩当时管的军营里有个将军早餐会的规矩，类似于今天很多大公司管理层的早餐会，首席执行官和高管在早上一起用早餐。有一天，李鸿章不想去，就让人跟曾国藩讲自己头疼，去不了。结果曾国藩就给传话的人说："告诉他，我们等他，只要有一个人没来，大家都不能吃早饭。"结果李鸿章乖乖来了。吃完以后，曾国藩对李鸿章讲了一句话："此处所尚唯一'诚'字而已。"

这是一个缩影，事实上，曾国藩平时在管理军营内部或和同僚及上级交流的时候，都会不断强调"拙诚"，不迂回，不包装。当很多人熟知他的这个价值观以后，有些不属于这个类型的人自然而然地就不去结交他。

承认自己的无能

拒绝别人的第二条：承认自己的无能。

大部分人不会拒绝他人的重要原因就是要面子。怕对方小瞧，这个小请求都完不成，自己的脸往哪里放，于是就打肿脸充胖子，明明帮起来很费劲，却要装作若无其事一样。

有一句话很有意思：上帝制造不出自己搬不动的石头。

我们不是上帝，更不是万能的神仙。所以，适当地拒绝他人反而能成全他人，从这个角度来看，拒绝也是一种成就他人的方式。

我在创业期间，有一个朋友介绍的互联网公司的高管来找我想一起做项目，认为我的专业属于他项目的领域。在仔细了解了他的项目以后，我发现不是我这个细分领域能做的，便把具体的情况跟朋友说了。我朋友说："你要想好，如果你这一次拒绝了他，那此后他的这一类的项目可能都不会来找你了。"

我不能打肿脸充胖子，还是拒绝了对方，并且和对方阐述了详细原因。我不能为了要面子而逞能，我也有我的专业局限。

拒绝别人也是一种成就，假设你不会游泳，却非要背别人过河，有可能两人一起溺水，这不就是既坑了自己，又害了别人吗？

拒绝小妙招

有了拒绝的勇气，在行动上我们如何更好地落地？我总结了 2 个拒绝的方法。

1. 让火消失在苗头上

有一次我去医院体检，有一个小伙子跑过来对我说：“哥哥，可以打扰你一分钟吗？我跟你说件事。”我当时还没有来得及回复他，他就拿着一瓶喷雾往我鞋上喷，边喷边擦。我才知道他是卖洗鞋剂的，当时我非常尴尬。他又连忙说道：“我是大学生，出来挣生活费，希望您支持一下，产品很好，没问题。”我一想，确实不容易，就买了几瓶，结果回去用了以后发现一点作用都没有，被骗了。从那以后，我遇到类似的情况，会直接拒绝。比如，街上有人问：“你好，可以打扰……”对方话还没说完，我就会说：“不好意思，赶时间。”然后，立马就走。

当有一些跟你并不相关或你不喜欢的人找你帮忙时，你可以在对方说请求之前就先拒绝，比如，对方说：“想找你帮个忙，不知道你最近时间是否方便？”你可以立马答：“这几天刚好有事，时间上不太方便。”不用等对方把具体什么事情跟你说完再拒绝。

2. 委婉式拒绝

如果你不是非常果断的性格，那你也可以委婉地拒绝对方。比如：“不好意思，这个事实在不在我的能力范围内，但

我知道 ×× 可以，如果你需要的话，我可以帮你问一下他。”

“我非常理解你的情况，目前我自己的状态也不是很好，我怕帮你把事情办得更糟糕。”……

当你委婉地拒绝了对方，对方还是不依不饶，那你可以再明确地拒绝，毕竟，你已经礼貌在先了。

要获得拒绝别人的勇气，最重要的一点就是你要深刻意识到你并不欠任何人什么东西，你也不必为了你的拒绝而愧疚。消除自己内心对于拒绝的恐惧，勇敢地拒绝一些不合理的请求，你会活出新的自己。当你有了一次果断拒绝别人的经历，你就再也不会害怕拒绝。如果朋友因为被拒绝而改变了你们之间的关系，这样的朋友不交也罢。

成为 1% 关键点

要想成为社交牛人，技巧很多，基本点只有一个，那就是你的内核丰富。什么是内核？比如，学识智慧、人格品性、价值观、礼貌礼仪、能力修养和社会地位等。一定要记得坚守自己才是人脉关系中的第一人，能给别人带来获得感，能拒绝他人，才能在社交路上游刃有余。

第 5 章

伴随一生的技能：事业有成的基本功

请你带着以下问题阅读

1. 增加自己的知识储备的秘诀有哪些？
2. 什么是差值学习法？
3. 好口才如何练？
4. 怎么样见牛人性价比才更高？

第 1 节

修炼本领：如何增加自己的知识储备

我经常对外做一些分享，不止一个人问我："兴哥，我总感觉自己的知识储备不够，每次和别人交谈都没有底气。我自己也看过很多书，但总感觉还是不够。到底应该怎么增加自己的知识储备呢？"

我记得在一场线下活动中回答过一位朋友，我说这个问题我还真想过。

"我先问一下，你增加知识储备的目的是什么？"

对方说："想要在和别人交谈的时候能有更丰富的内容，有谈资。"

我接着问："那你需要经常和什么样的人对话？"

他回答说："不知道，都有可能。"

我说："你的涉猎面太广了，如果对方对天文感兴趣，你连夜去学天文？如果换一个人对历史感兴趣，你又去研究历史？如果我们去广撒网式地学习，最后我们只是储备了一堆信息。现在电子信息这么发达，你想知道什么直接网上搜索就好了，都不用记。”

有人说：“在当今快节奏的世界里，人类的知识总量每半年翻一倍。你怎么能指望依靠个人力量掌握这么多必要的知识？”

如今，随着互联网和人工智能（AI）技术的快速普及，人类的知识总量储备在以几何倍数的速度增长。毫不夸张地讲，假如一个人从出生的第一天就开始学习，那么他一辈子都学不完人类知识总库中某一个领域的知识。

之前网上有个视频显示医生给病人看检查报告的时候也去某搜索引擎上查询。这超出了很多人的认知，为什么医生看病还需要网上查询？到底专不专业？网上一片骂声。后来我去问了好几个医生朋友，他们都告诉我这种情况很常见。医生也有更细分的研究领域，他们有自己的知识框架，遇到更具体、更复杂的案例的时候，也会借助一些外力来帮助自己做判断，这样反而对病人更负责。如果一个医生对所有的细分情况都了如指掌，那这个人可以称为“神医”了，在现实中不会有这种人存在。

我们增加知识储备的原因并不是让自己大脑储存更多的信息，而是让我们能够在真实的场景下去解决具体的问题。当你遇到一个真实的问题的时候，你会去调用自己的知识。当你发现自己没有对应的知识去解决这个问题的时候，你就可以对应地去学习和储备关于这个细分问题的知识，最终一个又一个的问题会让你学到很多知识点，到了一定的时间，这些知识点就会串起来，形成完整的专业知识。

接下来，我分享几个增加自己知识储备的秘诀。

带着“东西”见牛人

这本书其实反复在提圈子的重要性，以及要认识更多优秀的人，可是如何能让你见牛人的时候产生更多的化学反应？

我有 2 个方法：

1. 带着问题见他

如果你有一个困惑很久、也思考了很久却得不到满意答案的问题，你可以把这个问题抛给他。带着你很想解决的问题去和他探讨，这样你可能会有一些很深的启发，有助于你自己后面的行动和改变。我见过一些人，见到牛人以后有一些提问机会，但每次都是问一些无关紧要的问题，甚至是八卦式的问题。这样的做法其实只是让你线下见识了这个人有多优秀，但别人的优秀和你没有关系，也不能促进你的改变，这样见牛人其实是浪费时间。

2. 带着规划见他

如果你没有特别难以解决的问题问他，你也可以和对方聊自己接下来的规划，看看对方在这个过程中可以给你一些什么样的反馈。你不一定都照单全收，但是你可以在这个过程中获得一些新的启发，能让你把自己的规划落地得更完善。

你发现了吗？带着“东西”见牛人的本质都是与牛人在真实的场景聊与你有关的问题，这样的见面对你来说才是有用的。

带着目的读书

很多人对知识有贪念，看到别人懂很多，自己也去跟着盲学，最后成了一个“积极学习分子”；也有很多人在每年年初的时候会给自己立个目标，如一年内读 100 本新书。在我看来，不带着问题和目的去阅读效果并不好。有人说这是把阅读功利化，我认为此生有限，如果只看书，地球上所有的书加起来我们一辈子都看不完；如果不带目的，那阅读的意义何在？

我自己阅读的方法很简单，不贪多，看到了一个新的知识点，立马给自己规定时间去践行，践行完以后再自己复盘。我在自己的工作领域也会遇到很多具体的问题，我带着这些问题直接去找对应的书籍中对应的知识点，这样带着检索性质的阅读，帮助我解决了很多实际问题。因此，我读的书看起来没别人多，记的知识点也没有别人多，但效果还不错。

什么是有用的知识？自己践行过的知识就是有用的知识。

我曾经和一位创业者一起办了一个读书会：创始人读书会。我们规定每周至少读一本书，不要求一定读完，但是一定要在书中发现一个具体的观点或问题，然后自己去践行，践行完以后再给出反馈。

这样在分享的时候，大家分享的都是具体的问题和做法，就少了很多假大空的话，我们就能互相启发。

另外，让输出变成看书的目的。如你看完一本书以后，让你去跟其他人分享一下这本书的精华，并且结合你自己的经历谈谈阅读感想。这个过程不仅促进了思考，还更进一步巩固了记忆。

建立知识框架

大脑喜欢框架，不喜欢碎片化。现在随意给你出一道题，你看到以后立马知道这道题属于哪个学科，这就是框架。我们接受教育的方式让我们对学科建立了框架，未来，如果我们能对我们所从事的行业建立起自己的知识框架，你将来接触到的每一个知识碎片都能完整地存储在对应的单元格里,条分缕析，非常利于提取。

以创业为例，创业你需要掌握的知识框架有哪些？业务管理、财务管理、法律风险、员工激励、合伙人管理、招聘管理、商务谈判、组织发展、战略定位，等等。你要创业，心中最起码要有这个框架，以后你学的所有的与之相关的内容都可以填充到这个框架里。久而久之，你的知识框架里的内容就越来越丰富，你的知识储备也会越来越大。

树叶长在树枝上，树枝长在树干上，树干连接着树根，要想有繁茂的树叶，关键是你得拥有强有力的树根和树干。

我见过很多学习高手，他们在面对一个新的领域的时候，不会一头扎进去马上去学微观层面的内容，而是想方设法了解清楚这个领域的知识概貌，把这个领域最重要的知识框架梳理出来，然后再进行对应的学习。

这也是为什么有的人跨领域创业也能快速成功，因为他有框架。当一个人大脑里搭建的框架足够多时，这些框架和框架之间会产生更多的交集，这样你做事的底气又会更多一分。

在家里，要分厨房、厕所、卧室、客厅这些区域，各个区域有不同的功能，存放着跟功能匹配的物品，这样，用的时候第一时间就知道去哪里拿。知识也一样，你学进去的东西要让它找到自己的位置，这样当你需要的时候才能快速地把它提取出来。

如果你把这 3 点反复实践并努力去做好，你的知识储备量会更上一个台阶！

第 2 节

建立闭环：如何高效学习

学习效率是拉开人与人之间差距的很重要的一个因素。很多人经历过学历教育阶段的学习，当从学校步入社会这个大舞台后，发现在校园里使用的很多学习方法用不上了。怎么办呢？

▲ 图 5-1　如何高效学习

差值学习法

每个人对自己的认知都有一定的局限性，有时，我们需要通过别人这面镜子来反观自己。差值学习法也叫照镜子学习法，把对标学习的人当作一面镜子，在镜子里看到自己有哪些不足，并想办法补上不足。

不管你在哪个行业，你都能在这个行业里找到一个足够优秀的标杆。你如果想要做到卓越，便以对标的这个榜样为明镜，仔细去观察对方的优点，对比自己的不足，找到向上的目标。

我上大学以后第一个目标就是去阿里巴巴工作，当时对于一个双非院校的学生来讲，这样的目标几乎没有机会实现，我也不知道自己该朝哪个方向努力。后来因为一个项目接触到了阿里巴巴的员工，我默默地观察他们身上的优秀品质，然后努力去完善自己，在没有拿到阿里巴巴工作机会的时候以一个阿里巴巴全职工作人员的标准要求自己。后来，有一个去阿里巴巴的实习机会，我自然而然地抓住了。

因此，当你有一个框架目标，但不知道往哪个具体的方向努力时，不妨直接去对标。你想成为什么样的人，你就以这类人的标准来要求自己，久而久之，你自然而然就会成为你想成为的人。

在我创业以后，我会去对标很多优秀的企业家，在行动和思想上都想方设法向他们靠齐。这样做以后，我进步飞快。

一个人对标的人也可以不止一个，如果想全方位地突破，快速成长，你可以从不同的维度选择自己对标的对象来学习。

1. 专业领域维度

找到你这个行业最优秀、你最认可的一位，把他当作标杆。

2. 个人成长维度

找到一位在自我成长这个方向做得特别好的人对标，不一定要是本行业的。

3. 历史上拥有智慧的古人

找到一些充满智慧的古人并读他们的经典著作或传记。

优秀的人生有模板，你一定可以找到一个适合的模板。

体验比干货重要

很多人讲知识和信息的时候滔滔不绝，你问他自己践行得如何，他却默不作声。所以，我认为：只有自己践行过的东西才叫知识，如果没有践行过，只能叫知道。

大部分人去学习都是去记干货，但是这个世界上干货太多了，并且有的干货是会过时的，所以如果你只是一味地记干货，那你会陷入记干货的旋涡。所以，一个人看了很多书，记了很多知识点，可能依然过不好自己的一生，原因就是不以改变和践行为目的，最终只是输入了一堆信息到自己的大脑里，并没有落实到行动中。

我觉得效果最好的学习其实是体验。体验了你就有直观的感受，而感受能刺激你发生改变。对于个体来说，学习的维度有 3 层：看到、现场体验到和自己做到。

看到是信息层，现场体验是感受层，自己做到是认知层。

研究显示，当个体经历某种情感或体验后，他们更有可能采取行动以响应或回应这种情感或体验，而不仅仅是基于知识或信息做出反应。足够的刺激才能打开人的行动开关，因此，只是“看到”，很难直接走到“做到”这一层。更何况还有一些东西是我们没办法看到的，因为这个世界上有很多无法用文字描述的体验。

比如，以前我看到过一段话，大概的意思是：在绝对的高度上才能看到绝美的风景，你眼前没有出现美好的风景并不代表这个世界上没有美好的风景，而是你还没有到达绝对的高度。

第一次看到这段话的时候，我觉得是正确的废话，或者是心灵鸡汤。后来，一次亲身经历让我感受到了这段话背后的力量。

有一次，我和几个朋友一起自驾到了一座雪山下。第二天凌晨 4 点，我们准备爬上去看日出。

随着海拔在不断升高，我在上山的途中感到头痛、恶心、呼吸困难。在爬到一半的时候，我对朋友说："你们上吧，我实在不行了，我在这里等你们。"朋友劝不过我，于是他们就先上去了。在这个过程中，我内心很挣扎，我在想："就还差那么一点点距离了，不到最高点，看到的风景完全不一样。"一边是不争气的身体，一边是遗憾，最终我还是鼓起勇气爬了上去。在登顶以后看到太阳第一丝光线出来的那一刻，我竟然不自主地流下了眼泪,很多种复杂的情绪夹杂在自己的心里面，那一刻，久久不能忘记。

在这个世界上，创业如同登山，很多人都想登上山顶去看这盛世美景，但也有很多人停在了半山腰，更有很多人根本无法上山。

这一次的体验让我更加坚定了未来的人生活法：要么出众，要么出局；要么到达绝对的高度，要么不要出发。

这一次体验给我带来的震撼比单纯地看到那段文字强得多。

所以，希望翻到这里的你不要总是去痴迷于很多"干货"，因为认真体验也是一种学习。

信息关联

事实上，我们每天都在不停地输入信息，你看到的每一件事物都是你输入信息的结果。输入的信息足够多，那如何才能把这些信息变成对我们有效的信息，让我们能高效学习呢？

这个方法是关联学习。也就是说，当你看到一个新事物的时候，会迅速与自己本身已有的知识去关联，从而形成一个新的对你有帮助的东西。比如，2019 年我刚创业的时候，想做一个帮助大学生的成长平台，但是一直想不出来这个平台该取一个什么名字。有一次我去参加了一个和我们这个领域并不相关的论坛，我发现其中有一个品牌叫“十万个创始人”。我想，那我为什么不能叫“三十万个大学生”呢？取全国大学生的前 1%，挖掘 1% 的人，然后再让 1% 的人影响更多的人，于是，这个品牌就诞生了。

我们不管处于何时何地，只要看到一个让你觉得非常不错的事物，都可以问自己一下，这个为什么会让我觉得好？我可以怎么用在自己的身上？

这个世界上所有的创新都不是凭空捏造一个全新的东西，创新本质上是旧事物的重组。因此，关联思维越强的人，创新能力也会越强，学习效率越高。

第 3 节

建立自信：如何拥有卓越口才

在你想拥有卓越口才前，我必须要先说明：好的口才需要好的语言，而语言其实是一个人潜意识的表达，是我们内在的外显。因此，如果想要有卓越的口才，必须先修内在，打好根基。内在不够丰富的人学再多的表达技巧也没有用。卓越的口才一定不是浮文巧语，从心出发，表达出来的情绪和状态能战胜一切华丽的辞藻。

当你明白了什么是口才最底层的根基以后，如果你还想要获得一些提升口才的方法，那就接着往下读吧。

一分钟关键词训练

如果你想练习口才又不知道从哪里练起，也不想花钱去专业的培训机构，那你可以尝试一分钟关键词，有 2 种方式：

1. 找关键词

找你行业内的一些关键词来进行即兴演讲，时间控制在一分钟内。比如，一分钟讲清楚“营销”，一分钟讲清楚“运营”。

2. 找一位同伴

找到一位同伴，互相出 4 个字以内的随机词，然后结合自己的行业对这个词进行即兴创作。例如，今天我们拿到的词是“衣架”，那我们可以说：“创业就像晾衣服，每个创始人都是一个衣架，不管是厚的衣服还是轻的衣服，都必须把它很好地支起来，一直陪它从厚重到轻盈。创业不就是这样吗？不管是复杂还是简单的问题，你都要认真地面对，并且一直要把复杂的问题解决，直到变得简单。”

以上 2 种方式既能训练我们的即兴表达能力，又能让我们在锻炼口才的同时思考跟我们相关的专业知识，可谓一举两得。

在真实的场景下练习

想要有卓越的口才，必须要在各种真实的场景下去真实地锻炼，而不是去看很多关于提升口才的视频或书。练习口才就像学习游泳一样，哪怕你在岸上学再多的游泳动作，如果你不下水，永远都学不会游泳。

我高中的时候打暑假工，去那种刚交房的小区里面向业主推销家具。我第一次去推销的时候，敲开了一扇门，出来了一位大叔，我紧张地不知道说什么，愣了一下才拿着传单说：“你……你好……我是……”

话还没有说完，对方大骂：“滚！”

第一次的推销就这样结束了。后面我才发现，这个小区已经有很多同行来过很多次了，来上门推销的人多了，业主就烦了，难怪会对我发脾气。

于是，我慢慢地找到了方法，敲开门以后首先不表明自己是干什么的，我一般说：“我是来看一下，学习一下你们家的装修。”对方听了这话，一般都很乐意让我进去，这时候就可以观察对方的装修风格，然后针对性夸某个点。比如，“阿姨，我来学习一下你们家的装修，你这个厨房装得很漂亮。”在对方放下防备以后，可以进一步问：“阿姨，你们家的家具都选好了吗？”如果对方回答选好了，那你就不再打扰。如果对方没有选好，你可以说：“阿姨，我在卖家具，您有时间的话，可以去我们店里看看，正好在做活动。”

我用类似的方式，短时间就成了店内的销冠。

因此，口才练习一定要在真实的场景里去面对真实的人，不要闭门造车。我因为跟很多陌生人聊过，所以在正常沟通中完全没有任何压力。

另外，我还经常在各个大学进行分享演讲，讲得多了，自然而然就熟练了。卓越的口才一定是通过大量的练习获得的，练习次数足够多，口才能力自然而然就提高了。

大量见人

你想要的任何东西都能在这个世界上找到参考答案。每个人的表达方式不一样，对口才的理解也不一样，如果我们给“卓越的口才”一个标准定义，那显然会限制很多人。什么是真正的“卓越的口才”？虽然仁者见仁，但让他人感到舒服、不端不装不做作的表达方式就是卓越口才。

每个人都有对标的范本，你可以大量地见不同的人，去观察他们的说话方式。见的人多了，你自然可以知道自己最适合哪种表达方式。从情绪上来说，并不是所有人的表达都得高昂激奋，也并不是所有人的表达都得轻声细语，有的人能做到娓娓道来，有的人能做到滔滔不绝。没有绝对完美的表达方式，只有适合自己的。

倘若你现在觉得自己的口才不好，你可以先去模仿一位你自己喜欢的人的说话方式，先形似，再神似，最后形成自己独特的风格。

有一次，我在一个小圈子里见到一位有名的老师，发现这位老师说话不卑不亢、不慢不快。我当时就好像被点亮了一样，找到了自己喜欢的感觉。于是我开始刻意地去练习，慢慢地我也找到了自己的表达方式。

如果你还没有很好的筛选标准，那么我送你一个最简单的标准：谁和你聊天的时候让你感受最佳，谁就有可能是你学习模仿的对象。

高度觉察

卓越的口才不仅是口才本身，更是一个人对当下的人、事、物和环境的高度觉察。在对的人面前说对的话、在不同的场合说合适的话，这才是口才好的表现。如果你不能区分场合或不能区分人，那你学再多的口才技巧都没有用，只会让别人觉得你巧言令色。

理性的场合你强行煽情，感动的场合你非要理性，在不适当的场合用再多的方法，效果都会适得其反。

有一次，我参加一个朋友的饭局，在场的人有我、朋友、朋友新招的一位项目经理和朋友的客户。这是一场标准的招待饭局，但饭局后期就进入灾难状态了。当时原本是让这位项目经理做一些反馈，结果项目经理把在场除我以外的人都点评了一遍，而且给人一种高高在上的感觉。我很想替朋友解围，奈何那位项目经理滔滔不绝，不给人说话的机会。

后面我的朋友说，这位项目经理因为这件事还跟他争执，说他这是在践行公司的价值观。

我大概理解了，这位项目经理可能是觉得自己直言不讳反而能解决很多后期沟通上的问题，但他没注意的是：这是一位新的客户。在没有互相充分了解的情况下，这么直言不讳可能让对方感到不适。直言不讳对内完全没问题，在没有外人的情况下，你甚至可以直接指出老板的问题，但在有外人在场的时候，一定要保持谨慎，不然会适得其反。

如果大家从小观察力强，你们就会发现一件很有意思的事情。家长在家里面各种互损，甚至前一秒还在吵架，这时，如果突然有人来访，整个家庭立马变得和睦、温馨。在家庭里，有外人在场和没外人在场成员之间的相处都不一样，更何况其他场合。

为什么家长很喜欢夸别人家的小孩？这是一种在适当的

场合说适当的话的方式，这是属于老一辈人的生活智慧。难道家长真的看不出来别人家的小孩的缺点吗？当然不是。这些家长心里非常清楚，只是他们觉得夸奖带来的好处比批评大，你当着家长面说人家小孩的缺点，家长会尴尬，小孩也会恨你，万一对方心理承受能力比较弱，还会滋生一些潜在的风险。

再举一个案例，有一次我去参加一位朋友的婚礼。我和新郎、新娘同桌吃饭，结果新郎的一位亲戚趁着酒劲一顿说教："其实，作为长辈，我一开始是不看好你们在一起的，你这个孩子性格怎么怎么样，新娘又怎么怎么样，说了这么多，你别想太多，我都是为你们好，你们别生气……"

当时新郎满脸尴尬，即使这位亲戚后面说的再动情、再真诚，我相信新郎也没办法听下去了，因为人家正在举行婚礼，而这位亲戚一点都不分场合。

因此，我们也要反观自己，不要犯不分场合说话的错误。

从今天起，训练自己对人、对事、对物的高度觉察，把这件事做好以后再开口说话，这样你会更加游刃有余。

其实好口才的人一般都不怎么说话，能者寡言，动不如静，语不如默，这是卓越口才的最高阶段。到了这个阶段，你会用心去观察别人的发言，仔细聆听，而不是老去想，自己该说什么，怎么说才合适。

如果你能到这个阶段，恭喜你，你已经成为一位卓越的口才大师了！

总结和补充

（1）平时大量做关联训练。

（2）在真实的场景下去锻炼自己。

（3）保持对人、事、物的高度觉察。

（4）不要带着负面情绪说话。

（5）真正的大师一般很少发言，发言即振聋发聩。

成为 1% 关键点

社会交往真正的底气是什么？

除了自身的本领以外，更重要的就是见识和自我觉知。这两样东西能让你拥有更多的智慧，让你这一生更精彩。

第 6 章

练就火眼金睛：看清事物的本质

请你带着以下问题阅读

1. 你能参透过程和结果的意义吗？
2. 你一直在渴望人生的翻盘吗？
3. 你能坚持每日复盘吗？
4. 技多不压身的前提是什么？

第 1 节

结果思维：没有结果的过程一文不值

我曾经说过一句话：“人生没有终点，只有里程碑。”

有始有终是很多人秉持的态度，一旦开始做某件事，就希望能收获一个结果。人们喜欢用结果去证明某段时光，但在做的过程中，我们又会陷入是要结果还是要过程的纠结中。

比如，创业路上，过程和结果哪个更重要？

有人说，过程最重要，结果无所谓。也有人说，只要结果，不管过程。

我从来没有纠结过到底是结果重要还是过程重要，因为我对结果的定义可能和别人不一样。

如果你一直纠结结果，把过去某个时刻当成某段时间的终点，而这个终点不被你接受，那么你就会久久不能释怀。

结果是过程中结出的果实，每个果实都是下一个过程的种子。因此，我认为没有真正意义上的结果，因为结果也是过程的一部分。结果是阶段性的过程，每一个结果都是下一个过程的起点。

怎么理解这句话？

你为了考上一所好的大学寒窗苦读 12 年，那么一张好的大学文凭就是你的阶段性结果，同时这个结果又是你下一段过程的开始。你开始独立生活，想要毕业以后找到一份好的工作。等你毕业之时，你拿到了满意的录用通知，这是你大学的结果之一，但又是你下一个过程的开始。就这样周而复始，永远没有真正的结果。

对于伟人来讲，物理的离开是精神传递的开始。历史上很多著名的人物虽不在人世，但他们的精神却世代相传，因此，死亡对他们来说也不是结果，而是精神传递的开始。

如果你把人生当成一场游戏或体验，那你就不会那么纠结到底要结果还是要过程。在现实世界中那些看起来难以获得的结果，都是你下一段旅程开始的铺垫，所以你不用纠结在一个很重要的大赛中你是否拿到一等奖、一次晋升机会你是否把握住了、一次考试你是否取得了满意的成绩。这些都是你人生中的体验，而你做这些事情的过程就已经有了收获，这也是结果。

当你理解了结果和过程的关系，懂得了结果是过程中结出的果实，也是下一个过程的种子，那么我们就要学会寻找每一个过程中饱满的种子，把这些种子筛选出来，让它长得更好。

▲ 图 6-1　结果思维

积累财富

在任何一个过程中，都可以想一下我积累了多少财富？我们千万不要回避金钱这个话题，毕竟金钱是你和世界进行价值交换的直接体现。不管多与少，这都是你阶段性的成果，你会通过金钱看到很多东西，这会让你更好地出发。

为什么把它放在第一条，我个人认为：只有在良好的物质保障的基础上，我们才能追求更丰富的精神世界。我们如果喜欢财富，就不要耻于谈钱。

连接人脉关系

在每一段旅程中，结识了多少人、深度连接了多少灵魂，都是阶段性的收获。

我大学期间在 500 强企业实习，如果仅将实习结束拿到一张实习证明看成最终结果，或许会忽略过程中那些宝贵的人际关系。因此，每段实习结束后，我都深思：在这段经历中结识了哪些重要人物？这些人将如何在未来与我产生联系？这样非常有利于我积累人脉。随着积累，当我开始创业后，我已拥有庞大的人脉库，他们在我的创业道路上都为我提供了很大的支持。

生命中的相遇和连接会让我们在前行的路上拥有无尽的力量，帮助我们成就无限的可能。

提升技能

若你能够在某个过程中积累长久实用的技能与能力，那也是一项重要的成果。我很重视演讲这件事情，会竭尽全力去做好，以高标准去打磨文案内容，反复琢磨公众演讲的要领，不停地练习，“功夫不负有心人”，效果还算不错。对我来讲，更为珍贵的是，我从中获得了一定的演讲技能，这是一个长远的成果。

在我们追求结果的过程中，很容易陷入结果至上的思维模式，这样势必会忽略过程。结果是过程中的果实，也是下一个过程的种子。人生不是一场赛跑，而是一场无尽的旅程，每个过程都是成长的机会，每个结果都是下一阶段的起点。在理解了结果和过程的关系后，我们就不用纠结是否拥有某个特定的结果，而能够享受过程的美好。

因此，在面对每个过程时，不妨将焦点放在过程中结出的果实上，努力去发现那些阶段性的成果，并在下一个过程中加以细心培育。在这个理念下，我们不再把生活视为一场对结果的追逐，而是将其视为一个个过程中精彩体验的集合。于是，人生就成了一场关于种子的旅程，让我们学会发现、珍惜每一段旅程、每一颗种子，并在下一段旅程中让这些种子生根发芽，茁壮成长。无论我们身处哪个过程，每一个阶段性的结果都是未来旅程的美好开始。

第 2 节

复盘思维：
每日不断复盘，人生即可翻盘

在今天，复盘成了一个高频词，因为越来越多的人意识到了复盘的重要性。早在古代，《论语》中就有“吾日三省吾身”，要求从自己的学习、做人、做事等维度反省自己，这里的三不是指三次，而是多次。

我认为，生命的质量不在于一生中有多少高光时刻，而在于有没有认真对待每一段时间。如果你真的能做到每天多次反省自己，内观自己，那么你会更加了解自己，你的心态将会特别坦然。

从《论语》中的这一句“吾日三省吾身”中得到的启发，我一天中会有多次的短暂复盘时间。我给自己每天设置了 3 个定时闹钟，闹钟上的提示词是：“休息一下，你该反思啦！”每一次闹钟响起，我就要快速想一下：这一小段时间自己的注意力在哪里？和自己的大目标相不相关？

有一段时间，我把大量的时间浪费在了刷短视频上，本来是为做短视频去研究账号的，结果一不小心就看上瘾了。每次闹钟响起的时候，我就知道，这段时间的注意力分散了。反反复复几次以后，我决定把短视频应用程序卸载了，这样至少减少了一种吸引我注意力的因素。

我第一次复盘是在一家知名互联网公司实习的时候。当时我们在做一个项目，领导把所有相关数据清清楚楚地展现出来，然后让我们一个一个地分析，哪里可以优化，哪里可以保持，要求全是数据化罗列。那一次我特别震撼，我没想到我的工作竟然产生了这么多的数据，而这些数据确实和我自己平时的运营工作有很大的关系。

我们曾经在线下举办过一场活动，吸引了全国各地的大学生来参加。在活动结束后，我们复盘了一整个晚上，从方案策划、线上邀请、线下搭建、流程设置、参与者互动和摄影素材等方面，非常完整地复盘了整场活动。复盘的时候，大家都提到了很多平时注意不到的小细节，让我非常受益。我觉得参加完一次复盘会，自己也能完整地操盘一场活动了。

虽然复盘这个词很常见，但我发现现实生活中也有一些组织错误地使用了复盘。比如，一些公司的复盘会就等于批斗会，让大家胆战心惊，不敢畅所欲言。我常说：“复盘是为了下一次更好地出发，绝不是不停地去后悔上一步的动作。”

一次高质量的复盘需要具备两个关键要素：

1. 客观的事实

抛开主观情绪，回想这件事情的真相，或者是寻找数据支撑。

例如，在一家公司内，领导觉得一位员工经常迟到，批评了这位员工，这就属于主观臆断；如果领导把考勤数据统计出来，发现这位员工一个月迟到了 10 次，基于这个客观事实和员工沟通，问清楚情况，再做决定，会更加有说服力。

我们复盘的时候一定要基于客观事实。人总是容易自满或自卑，有的人明明做得不怎么样，却觉得自己已经很优秀了；有的人做得非常好，却觉得自己做得还不够。这就需要根据客观事实和数据来评判，千万不要被主观情绪主宰。

2. 好的问题

好的复盘需要好的问题，多问一些开放性、有启发性、有延展性的问题。

比如，这件事情我还可以怎么做，还有哪些做法？如果是某某某来解决这个问题的话，他会怎么做？我从这件事情里学到的最重要的点是什么？……

接下来，我分享 3 个不同时间维度的复盘。

日复盘

关于日复盘，大家有一个学习的榜样：曾国藩。曾国藩每天都会写日记，这在我看来就相当于我们今天的日复盘。他会把当天发生的一些事情，以及自己在这个过程中的表现和反思都写在日记里面。他不仅自己写，还抄写多份送给自己的朋友，让大家监督他进步。一个人写一个月甚至写一年的日记还是可以做到的，但要把写日记变成人生中的一件常事，就像吃饭一样，这个是很难的。

关于日复盘，我觉得有几个维度大家可以每天去思考一下。

1. 我今天完成了哪些关键事项

其实一个人一天的关键事项最多不会超过 5 件，也就是说你今天做了哪几件非常重要的事情？

2. 特别的启发事件

哪件事情给你带来了不一样的启发？

3. 今天一天，我产生了哪些灵感

我们一定要多记录灵感，每天复盘的时候，你可以去看自己今天出现了多少个灵感。当我们的灵感库越来越大，积累的东西越来越多，在遇到事情的时候就能够很好地去调用它。

4. 今天产生了哪些情绪

我今天产生了哪些情绪？我为什么会产生这些情绪？我当时是怎么面对这些情绪的？

我们每天从早上起床到晚上睡觉这段时间会产生无数次情绪变化，这些情绪会影响我们的思考和行动。如果我们不想变成一个被情绪左右的人，就必须先要发现它。当下一次这种情绪再出现的时候，我们就可以像面对老友一样，非常平和地跟这些情绪打招呼了。

5. 你今天最想感恩的人是谁

我们要记录我们需要感恩的人，有的人在很多地方帮了我们，但是因为工作节奏很快，过一段时间我们可能忘了，这对我们自己的人脉关系的发展特别不利。我们可以尝试把需要感恩的人，以及对方帮助我们的事情记录下来，未来在合适的时候给予回馈。

这就是日复盘，关于做事、关于灵感、关于情绪、关于人的连接。

月度复盘

我建议每个月我们可以专门抽一天或者半天的时间，如果时间特别紧张，可以抽 2 个小时来认认真真思考以下问题：

（1）这个月我做了哪些关键的事情？

（2）这个月我做了哪些不必要的事情，哪些事情是下个月我应该停止的？

（3）哪些事情是我下个月要开始去做的？

（4）这个月我有哪些事情是做得好的且下个月应当保持的？

以月的周期去复盘，我们可以观察自己成长的脚步，看我们是怎样一步一步迈上新台阶的。

年度复盘

如果你的日复盘和月复盘做得不错的话，你的年度复盘就没有必要弄得那么复杂。

我们年度复盘最关键的一个问题是：如果过去的一年用一

个关键词来总结，那应该是什么？为什么是一个关键词？别看年度复盘只有一个问题，但你可以通过这个问题，找到你最在意的目标和人生主线，从而想清楚自己到底在追求什么，这个答案也预示着你对过去一年的概括，以及你可能对未来一年的展望。人生不就是由大约 100 个 365 天组成的吗？每一年，我们都应该有新的生命高度。

持续复盘，人生便可翻盘，我们一起加油！

第 3 节

保持专注：“技多不压身”是伪命题

我看到身边或互联网上的有些人，他们很全能，既有很强的学习能力，掌握了很多领域的知识，又有很强的实操能力，掌握了很多方面的技能。有一段时间我看到这些同龄人，很焦虑，因为跟他们比，发现自己差距很大。

后来，我接触了一些人，发现他们展示的都是一些浮于表面的东西，于是我开始思考，“技多不压身”这个观点到底从什么时候开始有的？

这个观点可能要追溯到我们很小的时候。那时候，父母经常会给我们灌输：一定要多学一些技能，只要是一门技能，学会了是百利而无一害的。在读书时代我们这样做基本没什么问题，但当步入社会以后，时间特别宝贵，我们真的可以花费更多的时间、精力去学习更多门类的知识吗？

如今我看到很多在校的大学生，他们以拿到更多荣誉证书和职业技能资格证书为目标，别人有的，自己要有，别人没有的，自己也要有。每个人都去考了一堆证书，但对绝大部分的人而言，只是多了一张证书，学过的内容可能过一段时间就忘了。

要技多“压身”，一定会造成一段时间内的精力分散。首先，你要花很多时间去获得这些技能；其次，这些技能在后面可能也需要花费一些时间去深造。

例如，驾驶技能。驾驶技能从我自己的角度来说，我自从掌握驾驶技能以后，自己开车的次数越来越多，除了偶尔的方便以外，很多时候自己开车会浪费大量的时间。如果我不会这个技能，选择打车，我就可以在这个过程中去做一些其他的事情。别看每一次只有半个小时或一个小时，时间累积起来会很庞大。

接下来我们来详细地聊一聊：“技多不压身”为什么是一个伪命题？

懂得取舍

如果想要在某个领域、某件事情上取得一定的结果，那我们就必须要有取舍，不去平均分配自己的时间。

一些人可能在同一时期有很多不同的小目标，哪个都想完成，这是贪心；觉得自己同一时间定很多目标都能完成，这是幻想。我们往往认为自己有能力在一定时间内同时做好很多件事，实际情况却跟我们想象中的完全不一样。

以我自己的亲身经历为例：在刚上大学的时候，我把自己的时间安排得特别满，想要学习乐器，就报名了吉他班；想要变得更加自信，就报名了街舞班；想要练出 8 块腹肌，就办了健身卡；我还想要在大一的时候就把驾照考下来，于是还去驾校报了名，同时我还在班级里担任班长，参加了学生会组织。

在刚开始的一段时间里，这样的生活确实非常充实，我几乎没有荒废过一分钟时间，每一件“我想要”的事情我都去做了。但大概半学期后，我发现这种雨露均沾式的做法和时间分配方式有非常大的问题，因为我在每一件事情上面都没有取得阶段性的突破和结果，反而把自己搞得身心疲惫。那时候，我终于明白：我只是看起来很忙碌。

请记住：一定不要去平均分配自己的时间，要有取舍。对当下阶段最想完成的、最重要的事情，要集中精力和时间去做。

我之前在阿里巴巴实习的时候，我的项目工作数据在小组里面排名前列。但这并不是我比其他同事更聪明，而是我觉得这个项目对我来说非常重要，于是我把所有的时间、精力全部都集中到了这个项目上，只关注跟这个项目相关的信息，其他与这个项目无关的人和事我一概忽略。就这样这个项目我取得了很好的结果，而在其他方面，我好像也并没有什么太大的损失。

注意力在哪里，收获就在哪里

当你去做一件事情的时候，你会发现最终你得到的东西都跟你最开始关注的东西有很大的关系。比如，你去参加一个组织，你更关注的是知识和干货，当有一天你从这个组织出来的时候，你自我感觉得到最多的就是知识和干货。当你的注意力是人脉连接，那当你从这个组织离开的时候，你的主要收获一定是交往了一群非常有益的朋友。

注意力会影响行为决策，而行为决策会影响收获和成果。

因此，我们千万不要把注意力同时放在多个维度，你只需要关注某一个重要的维度就可以了。学习技能也是一样。当你分散了注意力，你的收获将会变小。就像你拿了一管化学试剂，本来这个剂量能让一个实验烧杯里的物质发生化学反应，结果你非要把自己手中的试剂分配到 50 个实验烧杯中，最终所有的实验烧杯中都没有发生化学反应。

量变产生质变，这个道理同样适合注意力管理。当你投入的精力不足时，很多事情是无法发生本质的变化的。

▲ 图 6-2　注意力在哪里

以事入道

“一生二，二生三，三生万物。”

我们在一生中可以掌握很多技能，但我们一定要有自己的那个“一”，而且要用自己的这个“一”入道。什么叫入道？就是不管你做任何事情，做的时间久了，自我觉察高了以后，你最终会发现：很多不同事情的底层逻辑和原理都是无限接近的。如果有一天你悟到了这个道理，那你就算是入道了。比如，有人是以画入道，有人是以管理入道，有人是以研究入道。

《论语》里面有这样一句话："君子务本，本立而道生。"我们一定要掌握一项核心技能并将其练到极致，之后我们才能去拓宽自己的技能边界。成长就像攻城拔寨一样，我们要一座城一座城地打，某个时间集中兵力攻打一座城池，千万不要分散原本就薄弱的兵力去同时攻打几座城池，否则会全军覆没。每一个阶段都有每个阶段最重要的事情，你只需要集中精力去做就好了。

成为 1% 关键点

电影《教父》中，有这样一句台词："花半秒钟就看透事物本质的人，和花一辈子都看不清事物本质的人，注定拥有截然不同的命运。"如果我们能快速看清楚事物的本质，那么我们就能从中找到事物背后的底层逻辑，这会指导我们在人生路上攀上一个又一个新高峰。

第 7 章

训练敏锐嗅觉：
洞察身边的机会

请你带着以下问题阅读

1. 你重视资源整合吗？
2. 生意和事业到底有什么区别？
3. 我们如何做到像酒一样越老越值钱？
4. 让自己真正值钱的秘诀到底是什么？

第 1 节

资源整合：快速赚到第一桶金

如何快速地赚到人生中的第一桶金？

在讲这个话题之前，我想先讲一个大家熟悉的事物：高铁。我曾经在网上看过一个视频，一位乘客把硬币立在高铁的窗户边，高铁以时速三百多公里的速度行驶，硬币竟然没有倒。高铁时速很快，仅次于飞机；在固定的轨道行驶，又快又稳，并且很少受天气的影响，极端天气除外。

对于普通人而言，我们要赚钱就应当如同高铁一样：有固定的轨道、有准确的目的地和出发时间，并且不容易受到外部环境的影响。

▲ 图 7-1　快速赚到第一桶金

生意与事业

现在来讲一下我们要快速赚到第一桶金的第一个大的前提：定位。在我看来赚钱有 2 种形式：做生意和做事业。

1. 做生意

做生意，就像捕猎。

我们都看过《动物世界》，非洲的草原上有一种动物，外号叫“二哥”。它们成群结队专门抢夺猎豹、狮子、老虎捕食的猎物，有时候它们会等这些凶狠的动物用完餐以后再去吃剩下的残渣。这个外号叫“二哥”的动物就是鬣狗，它们在大自然生存的过程中发现了一种独特的求生机会。这种求生的机会并不稳定，很有可能吃了上顿没有下顿。

同理，大部分人做生意也是在各种各样的夹缝中寻找一个独属于自己的生意机会，赚点钱来养活自己。

生意是随机的。你发现森林里面有更多的猎物，你可以选择去森林；你发现草原上有更多的猎物，你可以选择去草原；要是你发现大海里有更多的猎物，你甚至可以选择下海。总而言之，哪里有更多适合你赚钱的机会，你就去哪里。

2. 做事业

我们在初中生物课本上学过一个最简单的概念：食物链。你要清楚地知道你在食物链里处于什么样的位置，你的上端和下端分别是什么？你的食物供给是什么？在整个大自然中，你要清楚自己是属于整个生态链的哪一环。你要清楚自己需要捕食的是什么，并形成一套独属于你的系统的捕猎方式，否则，你很可能没有办法在自然环境中生存下去。

老鹰食物链的下端是蛇和兔子。老鹰只需在它们的栖息地发现其出没规律，就能成功捕食。

对于创业而言也是一样的，你到底是做 C 端的生意还是 B 端的生意？你在整个商业的生态圈里面，做的是哪一环？你的上游是什么样的？你的下游是什么样的？它们分别有什么对应的特征？这是你需要弄清楚的。

搞清楚我们的定位之后，就可以开始接下来的步骤了。

资源沉淀

当你还不知道具体要做什么样的生意或什么类型的事业时，你可以先学会资源沉淀。在创业前期，最重要的资源就是人脉。

我在创业之前给自己积累了特别多的人脉资源，且不放过任何一个可能有用的人脉。我在不断地观察这些人：他们在做什么，他们需要什么，他们是怎么做的。当我大致摸清楚了以后，我开始对这些人进行分类：哪些人是未来能给我带来生意机会的、哪些人是未来能够成为我的合作伙伴的、哪些人是未来可能成为我的团队伙伴的、哪些人是未来可能给我介绍更多资源的。

加杠杆

选择做生意还是做事业，不需要太早地做决定，太早做决定反而会给自己带来很大的影响。如果你已经沉淀了一些对应的资源，在发现了一个能赚钱的机会之时，就可以用杠杆将它放大，而不是一个人埋头苦干。

每个人都会有几大杠杆：

1. 时间杠杆

在我创业的过程中，我发现了一个很有意思的现象：有很多优质项目会分配给一些入行 1 ~ 3 年的新人。当我属于行业新人的时候，我会觉得别人都没有做好，我凭什么能做好？后面我找到了原因：很多与你有竞争关系的公司会有业务盲区，还有一些大公司根本看不上这些 “小项目” 。老虎再饿，也不会去捕食昆虫，但对于蚂蚁来说，一只昆虫的尸体足够它饱餐很久了。

因此，作为普通人，你要清楚地意识到：你比别人有的优势是时间优势。其他人瞧不上这个业务，觉得是在浪费时间，不想做，但你比他们有时间，也愿意投入时间，那你成功的可能性会变大。

有贵人带你做项目的时候，你也要清楚地知道：贵人身边肯定有比你更厉害的能人，你唯一的优势就是你比他身边的能人有更多的时间参与他的项目。

2. 资源杠杆

把我们手里的资源比作一副牌，如果这副牌是用非常低的成本换到的，那么你大可以在遇到机会的时候把这副牌勇敢地打出去。因为我们前期沉淀这些资源的时候，其实并没有付出多少金钱成本，更多的是时间和精力，所以你不用觉得为了一个项目就把自己的资源都用上不值得。你要尽可能多地利用一次又一次的项目去调用你目前沉淀下来的资源，在这个过程中筛选出对你真正有用的资源。

3. 金钱杠杆

我对网上让一个人快速从零赚到百万元的方法是持怀疑态度的。任何一个从 0 到 1 的过程，任何一个生意和事业，如果没有一定的金钱杠杆，就很难获得令你满意的回报。当赚钱的机会来临时，如果你没有一定的启动资金，又想快速地挣到一笔大钱，这简直就是痴人说梦。所以，在资源沉淀的过程中，我们要尽可能地去储备财富。

金钱杠杆的比例大概是 1：10，当你有 1 万元钱的时候，你才有可能赚到 10 万元钱。当你只有 1 千元钱的时候，你是很难赚到 10 万元钱的。

记住一句话：钱是我们赚更多钱的底气，你可以拥有的很少，但你不能什么都没有。

做好前几步以后，你会发现你的生意或事业慢慢滚动起来了。在这个过程中，你会惊奇地发现你获得资源和机会的成本会越来越小，你在每一次加杠杆的过程中会获得新的资源和新的项目，而这些新的资源和新的项目又能给你带来新的人脉，新的人脉又能给你带来新的机会。一切就像滚雪球一样，越滚越大。

我们要赚到自己人生的第一桶金，最核心的就是像高铁一样稳且快。我们要从一个地方到达另一个地方，要选择稳且快的方式，而不是去走看似简单的捷径。

第 2 节

保、持、克、制：让自己越来越值钱的秘诀

大家在网上看到非常多的一夜暴富、年入百万元、年入千万元的故事，有的人利用人性的贪婪还总结出了很多所谓的赚钱方法论，很热心地让你跟着一步一步学。这样的方法很诱人，但我觉得不靠谱。虽然我没办法直接告诉你如何能够快速一夜暴富，但我可以告诉你一些让你“值钱”的秘密。

我曾经问过自己一个问题：“到底什么才是创业的根本？”

我自己的答案是：“越来越值钱的自己。”

每个人创业的本质是用自己的才能和这个世界产生价值互换。你能换回来多少财富，取决于你本身值不值得拥有这些财富。我自己从一个无背景、无资源的农村青年成长为一名服务过众多头部企业的创业者，在这个过程中，我发现了值钱的 4 字核心：保、持、克、制。

接下来，我为你拆解一下这 4 个字：保、持、克、制。

保持专业水平

专业永远是值钱的第一步。在专业这件事情上，一共有 3 个维度：

1. 专业靠谱

如果你是一个行业新人，那么你的专业就应该是靠谱，因为此时你没有任何其他名片。当别人提到你时，觉得你是一个极其靠谱的人，那么恭喜你，你已经很好地完成了自己的专业积累。

2. 运用专业成为负责任的专业高手

如果你已经踏入一个领域或步入了具体的工作岗位，那你的专业就是你所负责的事情并把它做好。比如，你是做运营的人，那你要想办法成为组织内部最懂运营的人，甚至要成为行业内前 10% 的运营高手。

3. 赋能行业

如果你已经是一位行业内的专家，那你的专业就是解决行业问题并为整个行业进行赋能，这会让我们变得更加值钱。

请一定牢记“专业”二字，自己吃的是哪碗饭，就一定得有对应的知识和技能。

我自己刚创业的那一段时间特别顺利，随着不停地获得“小成功”，我开始觉得自己好像什么都可以做，事在人为。后来随着创业涉及的范围越来越广，我慢慢开始应接不暇，被现实直接打回原形。我自己深度反思：其实人的精力都是有限的，有的时候我们看别人做成一件事很简单，感觉自己也可以做成功，殊不知看似轻松只是别人背后付出结果的显化，真正的艰辛，是那些真正踏进去的人才能体会到的。

世界上著名的 2 位顶级投资人沃伦·巴菲特和查理·芒格，他们有一条非常重要的投资理念：不投资自己不懂的行业。他们拥有的知识储备和财富积累远超世界上 99% 的人，可是他们仍然选择尊重专业，可见专业的重要性。

在自己擅长的领域里发挥所长，在自己不擅长的领域里保持尊重，这是关于值钱的第一条。

持有多元化思维

一个人想要值钱，必须拥有多元化思维。

以创业为例，只有战略思维肯定不行，你还需要具有管理思维、财务思维、运营思维、法律思维等。你不一定要在每个领域都做到样样精通，但你至少得懂。

比如，你经营一家公司，发展得还不错，可是近期遇到了瓶颈，业绩总是无法再上一个台阶，该怎么办？

在这个问题里，如果是单一思维模型的人可能就会说："业绩不好是员工不够努力，更加严格管理员工就好！""客户还不够多，多招一些商务去开拓市场。"

把问题最终归因到一处并且只给一种固定的解决方式，这就陷入单一思维模型的困境。

一家公司遇到了瓶颈，是由多方面的原因造成的，如团队内部管理因素、人才因素、行业市场因素、大环境因素等。要想解决这一问题，需要考虑每一个可能的影响因素。比如，你想做一个能激励员工的奖励方案，你是不是至少得懂人性，因为方案的背后代表的是人性。

这个世界是一个复杂的体系，单一的思维方式永远没办法解决复杂体系的问题。

今天的科学水平与医疗水平如此发达，可我们至今为止都没办法清楚地描述出导致癌症的具体原因。尽管我们已经在最大程度上做出预防，但还是会有很多人患癌。因为造成癌症的因素太多了，如遗传、生活方式、环境、其他生物学因素等，单独调整一个变量只能降低概率，但不能保证 100% 不患癌。

查理·芒格认为自己拥有的思维模型大概有一百多种，包含历史学、心理学、生理学、数学、工程学、生物学、物理学、化学、统计学、经济学等。他把投资这件事做到了极致，如果他只有投资领域的思维，那他不可能成为一位顶尖的人物。

正如一个真正的好医生，除了掌握医学知识以外，还要有心理学思维、社会学思维等，只有具有多元思维，才能解决很多除了病人病痛本身以外的问题。

因此，要想成为值钱的你，不要只顾在自己的一亩三分地上和别人拼杀，要想办法拥有多元化的思维。当你掌握的思维模式越来越多的时候，你自然而然地会比其他人更值钱。

克己

如果你仔细研究过一些贵的东西，你会发现它们都有一个共同的特点：简约。

我说的贵不是指绝对的金钱价值，而是一个东西在它本来的行业中的相对值。比如，某品牌手机价格远超其他品牌的手机，它的外观设计很简约。在那个还是按键机的时代，它的正面只保留了一个按键，即使贵，仍受到大量用户的青睐。

对于个人来说也是一样，要学会克制，让自己变得简约，清楚地知道自己什么可以做，什么不可以做，什么是自己能力边界内的事情，什么是自己能力边界外的事情，什么是有用的机会，什么是平庸的机会，什么是可交的朋友，什么是不可交的朋友……

如果你不学会克制，就容易卷入一个又一个的精力黑洞。什么都想要，但什么都只能得到一点皮毛，这样的人是不值钱的。

这些年，我在自己的领域渐渐有了一些起色后，发现机会源源不断地向我涌来。每一个机会都那么的诱人，让我有一种非做不可的错觉。好在我足够克制自己，不是我能力边界内的事情坚决不碰。表面上我好像失去了很多发财的机会，但实际上我可能也躲过了一些美丽的陷阱。

我创业期间，无数次有人跟我说："××× 现在正是风口，咱们一起合伙创业，肯定能大赚一笔！"刚开始我还会有一些犹豫，等我彻底想清楚"克己"这两个字的时候，便会毫不犹豫地拒绝。在我没有准备的情况下，那些所谓的风口跟我毫无关系。外面再怎么喧嚣，我只做我自己该做的事。

《繁花》这部电视剧里有这样一句话："宁敲金钟一记，

不打破鼓千声。”克制的本质是在做选择，而选择也是一种努力。

制造高度

要想值钱，绝不能躺平，而不躺平的最好方式就是远离地面，直接让自己长期身处在高空之上，想躺也没地方躺。

我从小就知道我不是一个自律的人，非常贪玩。上大学以后，有了一个相对宽松的环境，我清楚地知道如果不找方法，我可能就会荒废几年的时光。于是我在大学期间就有了 2 个他律的方向：

1. 不停地去大平台实习

在顶尖的公司里面，我的同事们都是从各种头部院校毕业的。我作为里面学历最低的人，需要加倍努力，因此我不停地提升自己。

2. 不停地去做一些高难度的事情

我在大一的时候举办了一场有超过 100 所高校的学生参与的线下大会，还有知名平台为我背书；积极参加各种大型的知名论坛，与比自己优秀很多的人交流学习；同时，我也参与一些有挑战的项目……这些都让我没办法松懈，推着我前进。

在创业以后，我每年会固定去做一些以前不敢做的事，比如，挑战高海拔生存，我曾在海拔接近 5000 米的地方扎帐篷生存。每一次新的突破都会给我带来更大的勇气。

当一个人真正经历过万米高空以后，就不会再被那些无关紧要的信息干扰。你的高度越高，你自己就越值钱！

请记住：别用普通人的标准要求自己，然后幻想获得超越普通人的成绩。

成为 1% 关键点

赚钱和让自己值钱都是人生的必修课。在这堂课里，我们不是非要去经历九九八十一难以后才能变成高手，而是要拿到一张藏有金钥匙的地图。循着地图的轨迹并坚定地走下去，你也一定会收获属于自己人生中的第一桶金，也会让自己变得更有价值。

第 8 章

思维突破：
如何突破思维困境

请你带着以下问题阅读

1. 内卷和躺平之外的第三条路是什么？
2. 如何打破信息孤岛？
3. 你能持续为他人提供价值吗？
4. 为什么一定要突破“我以为”的思维定式呢？

第 1 节

激发动力：内卷和躺平之外，你还有第三条路

网上有两个非常热门的词语：躺平和内卷。就这两个词，很多人都发表了自己的看法。我很担心年轻人会因此产生一种错觉：你要么选择内卷，要么选择躺平。所以我一直在思考除了这 2 个选项以外，还有没有第三个选项？或者我们作为一个个体而言，我们还有没有第三条路可以走？

什么是内卷和躺平

在我看来，内卷并不是一个褒义词，也不是一个贬义词，内卷的目的其实是在追求成为一个更优秀的自己。我所理解的内卷是在自己的成长路径上与自己赛跑，在你认为对的事情上铆足劲儿，全力去做，绝不是和其他人比。和他人攀比与自己的追求毫不相关的东西，这个不叫内卷，叫傻。

当然，对于今天很多人来讲，他们没得选择，只能迫不得已参与一些自己并不喜欢但又必须参与的竞争。但我认为这也是人生的一种体验，因为你经历了以后，才能清楚地知道自己喜不喜欢这样、想不想要这种生活或工作状态，然后才会去确定自己的人生路。

再来谈谈躺平，在这个世界上没有人可以真正地躺平。相反，躺平其实是一种不得已的状态。我们每个人的内心都有一股向上的愿望，谁也不愿意去做差生，谁也不想去做最后一名，所以躺平其实是一种做不到最好，但又卷不动之后的一种不得已的状态。

有人把躺平当成一种消极的态度，认为它是个负面的贬义词。我曾经看到很多年轻人，他们不再去一线城市拼搏，而是做自由职业者，在能养活自己的情况下去做更多自己想做的事情，完全按照自己所定义的生活状态而活着。我们以世俗的眼光去看待这些行为的时候，会觉得这些人是在躺平，其实这是他们对人生意义的新理解。

躺平背后的核心其实在于你能不能接受当下的自己。

比如，毕业以后，你选择了一份自由职业，每个月的收入刚刚好养活自己，如果此时你对自己特别满意，将来回想起你做的这个选择，也不会后悔的话，那就不叫躺平，因为你只是选择按照自己真实的意愿去生活。

▲ 图 8-1　内卷和躺平

唯一的路

了解了内卷和躺平以后，如果我们要寻找第三条路，那这条路到底是什么呢？

对于每一个个体而言，第三条路一定是只适合自己的路，且是唯一的路，因此，每个人在寻找第三条路的时候都不会太容易。

我们只能在这个过程中去尽量找到一些参考答案，但这只是参考答案，不是标准答案。

如果有第三条路可以选，那它应该是适合你的路，是你真正热爱的路。

自动消失的内卷和躺平

当你发现自己已经走上了第三条路的时候，内卷和躺平这两条路就自动消失了。当你竭尽全力去走属于你的第三条路的时候，这不叫内卷。因为你只是和自己赛跑，这是一种成就自我的方式。其间，你可以允许自己休息一下、暂停一下，这也不叫躺平。

蔡志忠老师是一名著名的漫画家。他在一次演讲中说："很多人说，你这一辈子画了很多画，工作了很多年，不会辛苦吗？我说才怪。我一辈子虽然每天工作 16 个钟头，其实我连一分钟都没有工作，我都是在享受。所以总归一句话，做自己真好。"

蔡志忠老师还说自己每天都可以画十多个小时的画。在他这里没有时间的概念，只要到了想睡觉的时候就去睡觉，起床了就继续创作，他每天的创作时间比很多人的工作时间要长得多。蔡志忠老师的这种工作状态，是无法用躺平或内卷去定义的。

培根说："思想是行动的先导。"

那么，当我们找到了适合自己的第三条路以后，要怎么做呢？

我觉得需要排除一切干扰往前走，该干什么、想干什么，马上就去干。很多人为什么找到第三条路以后迟迟行动不起来呢？因为我们会做非常多的看似理性的分析和预测：我选择这条路到底对不对？虽然我们要权衡利弊、要听很多人的建议，但我们都要坚守一个原则：这个世界是变化的，我们不能以过去的认知去规划未来。如果我们过去的认知都还没有给我们带来一些好的结果，那么我们再用这个认知去规划未来，大概率会有问题。

你要想尽早成长，首先你得尽早出发。

雷军说："看五年，想三年，认认真真做好一两年。"不管你往后看的时间是长还是短，眼下最重要的是先出发。

所有的答案都是在做的过程中找到的，而不是在想的过程中找到的。我们经常会想一些问题，在做的过程中，会发现有的问题自然而然地就解决了。与此同时，在做的过程中我们更容易遇到那些真正的问题。

内卷和躺平这 2 个词带有一定的时代性，不管是内卷还是躺平，本质上都是求快：内卷求的是通过不计成本的努力来超越其他人，这是图快；躺平是知道卷不动别人，选择立马让自己过上看起来舒适的生活，这其实也是求快。所以我并不鼓励大家去内卷或去躺平。相反，在大多数人选择了内卷或躺平的时候，我们更应该意识到这对于我们来说是机会，更应该尽快地找到第三条路。

第 2 节

突破自我：如何突破信息孤岛

我们活在一个又一个信息孤岛里，对于世界的认知因为信息的局限而变得狭隘。

在我看来，我们每个人都有两大信息孤岛，分别源于 2 个不同层面。

第一个层面是物理层面的信息孤岛。

我们生活在一个又一个的圈子里，这些圈子所呈现出来的信息影响着你的认知。现实生活中，我们的信息源于家庭、学校、工作单位、社区等。不管你的信息来源的圈子有多少个，一个人的社交圈总是有限的，自然，你接收的信息就会有局限性。

大家常说：知识可以改变命运。我自己也非常坚信这一点。对于应试阶段的学生来讲，掌握了知识能考上一所好大学，相当于换了一个信息圈，你就从一个孤岛来到了一个更广阔的天地。

张桂梅校长在丽江办了一所女子高中，专门帮助那些贫穷的女孩子通过高考走出大山，通过知识去改变命运。如果这些女孩子不去接受教育，那么她们大概率会被大山禁锢，一辈子生活在山里面。

根据张桂梅校长的故事拍的一部电影叫《我本是高山》，电影里有句台词是："你要是不读了就不要浪费我们的名额，回到大山里去找个人嫁了，生个孩子！"

是啊，对于大部分大山里的女孩子而言，她们能接触到的信息就是到了一定的年龄找一个好的人家嫁出去，然后生孩子、过日子。这些女孩子并不是自己选择过这样的生活，是她们从小生长的环境里的人都是按照这样的方式生活，当她们面临这一天的时候，也会循着大部分人的轨迹走下去。

在《变形记》这个节目中，城里的孩子和农村的孩子在一段时间里互相体验对方的生活。大部分情况下，农村的孩子到了大城市以后，都会感到匪夷所思。这些小朋友会看到各种各样的人，体验各种各样的城市生活，虽然结束体验后他们依然要回到农村，但至少他们看到了不一样的世界，这种体验就是他们心中希望的种子萌芽的土壤。

我创办品牌"三十万个大学生"，初衷也是希望打破信息孤岛，让来自不同院校、不同专业、不同年级、不同地区的学生来分享自己的成长经历。我们去找到那 1% 优秀的学生，使得他们的故事被更多大学生看到。我们不是提供一种成功的方法论让所有人都去模仿，而是让大家看到更多的可能性，让大家知道：原来大学还可以这么过！

先看到，才能做到。

第二个层面是虚拟的信息孤岛。

虚拟的信息孤岛是由大数据建立的，我们在各个平台上面获取的信息都是经过大数据算法投放的。我曾经参加一个关于某短视频平台的交流活动，其中一位某短视频平台前高管的分享让我明白了为什么现在一些短视频能迅速地让人上瘾，因为平台的核心算法是根据人性建立的。不管你是一个新用户还是一个老用户，算法都能根据你在这个平台上的一些习惯去建立你的用户画像，从而判断你可能会喜欢什么样的内容，最后精准地投放给你。当你对这些内容感兴趣的时候，就一定会体现在数据里面，比如，你的点赞、停留时长、评论转发等。你看到的这些视频是平台算法根据你留下的数据推送给你的。因此，我们表面上看起来一天可以获得很多条信息，实际上这只是你所喜欢的内容的集合。在对信息的获得上，算法比你更懂你自己。

有部电影叫《楚门的世界》，外面的人给这位主角创造了一个世界，而这个主角丝毫没有感觉。当这位主角意外地离开楚门的世界的时候，他的世界观崩塌了。今天这些大数据建立的算法也是让我们处在一个又一个楚门的世界。当你习惯于某种观点和意识的灌输之时，一旦出现不同的观点和意识，你会特别惊慌失措。

我们已经活在了拥有信息孤岛的世界，接下来我会分享 4 个打破信息孤岛的方式。

跨界看问题

很多人喜欢从一个领域或一个维度去看事情，这是人的本能，因为待在自己熟悉的领域满足了人的安全感需要。如果能改变这一习惯，去跨界思考自己的问题，或许会找到一些新的答案。

在商业上，很多新事物的产生就是源于跨界思考。

物品租赁是传统业务，流程复杂、成本高，后来随着互联网的发达，一些原本只能靠买的物品现在也可以进行租赁。后来，越来越多的行业从“共享”这个词中得到启发。有一次，我甚至在老家的小县城里看到了 24 小时自助共享娱乐场所，不需要人工，自动计算时间，到时自动断电。

清单式工作法原本用于航空领域。一名飞行员无论经验多么丰富，在起飞前和降落前，以及遇到问题的时候，必须按照清单来操作，避免陷入任何经验主义。后来很多行业从航空领域跨界学到了这个方法，这样能统一公司的交付流程和交付标准。比如，很多酒店现在的清洁卫生工作也在使用清单，工作人员必须对照清单一项一项对房间卫生进行清理。

当你在自己的领域得不到答案的时候，可以常跨界看看。

阅读

阅读是打破信息孤岛成本最低的方式。通过读书，能连接到人类智慧的宝库，可以最低成本在这些书籍里面找到你想要的答案。

我过去也是一个不太喜欢读书的人，这些年我在线下见了大量的作者，发现这些作者对于自己写的一本书的投入程度超乎想象，一本书，至少要经过几十次的打磨才能最终出版。这些作者在现实生活中做培训或分享，收入不低，但他们把很多精髓内容都写到自己的书里。如果你愿意认真地去阅读，那你得到的东西会比你想象得多得多。

比如，此刻你正在读的这本书，我反复修改内容，为的就是尽可能地将这些年让我深有感触的精华内容准确无误地传递给你。如果你能认真阅读并践行这本书的内容，我相信你一定会有所收获。

书籍是人类智慧的宝库，你可以看到不同国家、不同学科的各种作者的书，他们在各自的领域都拥有各自的智慧。相信我，看书是你最经济的自我投资方式！

让更多人看到

这是一种化被动为主动的方式。我们之所以有信息孤岛，核心就是我们自己把自己封闭起来了。当我们把自己封闭起来的时候，别人大概率就不会与我们共享一些信息。所以，我们要让自己首先能够以开放的态度去拥抱这个世界。

以前我很喜欢主动去展示自己，在合适的场合、有合适的机会，主动让更多的人看到我，而我也因为这个行为获得了很多意想不到的收获。比如，有一次在一个朋友组织的局里面，我非常坦诚地说了我自己的优点、缺点，以及我未来想做的事情。后来有一个朋友刚好看到了一个机会，就推给了我，他说这个可能对我有用。我因为这个机会获得了很多的资源。因此，主动让更多的人看到自己，带来的价值远比想象中大得多。

国内某著名舞蹈家曾说过这样一段话："每当进入一个陌生的聚会，在我既不知道和谁说话更不知道说什么的时候，我总是谦卑而热情地做服务工作，既避免了尴尬，又悄悄地得到了认可。聚会结束的时候，往往就和大家成了朋友。"

因此，如果你在某个圈子或者某个场合实在不知道自己该主动干什么的时候，相信我：主动为大家服务，你的收获肯定不会小！

从"应该"到"原来"，不要老是"我以为"

从自我的角度来说，我们之所以存在信息孤岛，就是因为我们大脑中的"我认为"和"我以为"太多了。当大脑中的"我认为"和"我以为"太多的时候，我们就很难再去接收外界不一样的信息。

有一年，我和几个朋友一起去东南亚的某个国家旅游。在去之前，我们没有做任何攻略，我们自信地认为那边应该和国内差不多，至少在各种各样的基础设施和支付方面会非常方便。但当我们到达以后，第一件事情——打车就遇到了很大的阻碍。首先，在国外没办法使用国内的打车平台；其次，国外的打车平台无法用我们自己在国内的手机号和身份信息注册，我们只能硬着头皮上了一辆出租车；最后，因为语言及我们对当地货币还没有任何概念的原因，5 公里的距离，折算下来花了人民币九百多元钱。在整个旅行中，我们发生了很多类似这样的小事情。

这就是我为“我以为”受到的小教训。

在平时的生活和工作中，我们经常会犯“我认为”和“我以为”的错。比如，“我认为对方一定会按照我们设定的这个思路去执行，所以在过程中不用去跟进。”最后，这个过程可能就会出现各种各样的问题，导致计划失败。把那些“我以为”不断地去掉，那你对信息的敏感度将会大大提高。

最后我想说：即使当我们在一个信息孤岛上的时候，也不用太过焦虑，因为人的认知总是有限的。就算把整个人类的智慧叠加在一起，让你全部吸收完，也是在一个信息孤岛上，只不过你的孤岛比别人更大。因此，没有人能在真正意义上走出信息的孤岛，但一定有人可以通过这 4 种方式，让自己的这座岛变得越来越大，让自己的这座岛变成一个宽广的、开放的岛屿。

第 3 节

克制焦虑：自信是自己给的，你的一切皆优势

李白说：“天生我材必有用。”

我在对外演讲的时候，经常会在结尾时说这样一句话：“你的一切皆优势。”这句话曾是我的一位老师告诉我的。这句话曾经带给我很大的信心、勇气和希望。

有人会纳闷：优点可以是我的优势，那么我的那些短板为什么也是我的优势呢？这句话是不是太过绝对了？

在演讲的时候，我讲得最多的就是我自己的故事，我说：“我在农村出生，没有任何的背景和资源，相对于那些‘官二代’和‘富二代’，这看起来是我的劣势。今天我站在了这里，在于我对社会做了一些有价值的事情。像我这样的人都能够走出来，那在场的各位家庭条件比我好很多的同学，你们也应该更有信心，勇敢地迈出自己的第一步！”

来自农村原本是我的劣势，但当我以此去帮助和影响大学

生成长的时候，这反而具有了说服力。如果我是一个特别有家庭背景的人，那我给大家分享的很多内容，大家可能并不愿意听，因为大家会觉得我可能只是投胎投得比较好。

另外，我时常觉得自己是一个比较笨的人。在和他人相处的过程中，大家也都会觉得我有的时候有点呆和笨。这个特质在很多人看来也是一个短板。但奇怪的是，正是因为我看起来笨笨的，有点呆，反而更多的大人物和客户愿意选择跟我合作、跟我交朋友。因为他们不太喜欢跟一些“非常聪明”的人打交道。

回归到最原始的状态，去掉所有外界和世俗的评判，你现在拥有的所有的一切都恰到好处。

如果你把“你的一切皆优势”这个观点变成你的信念，你就一定会发生非常大的变化。我们接下来聊一下如何让“你的一切皆优势”这句话去影响和改变自己。

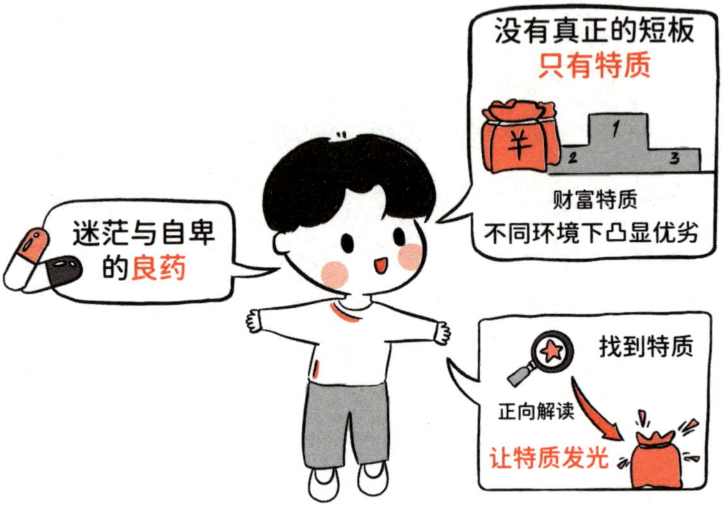

▲ 图 8-2　你的一切皆优势

迷茫与自卑的良药

“你的一切皆优势”，这句话是迷茫与自卑的良药。

我们为什么会迷茫与自卑？核心是因为我们在这个世界上有同类的对比，经常在这些对比里面失去自我。但如果你想象一下你是这个世界上诞生的第一个人，这个时候你根本就不会在意自己有多少财富，自己长得是高还是矮，是美还是丑，你会非常感恩这个世界，会觉得自己是这个世界上独一无二的存在。所以，大部分的迷茫和自卑都是在对比中产生的，如果我们能真正地放下对比，一定能够从迷茫和自卑中走出来。

我曾经也是一个特别自卑的人，所以我常常会想：自己为什么会自卑？我发现是因为自己小的时候没有得到父母的爱，所以才经常没有安全感，才会自卑。我做过 8 年的留守儿童，在这期间我受到了一些同学的嘲笑和欺负。我对自己始终没有自信，不能像其他人一样在舞台的中央闪闪发光，我更加愿意躲在人群中的某个不起眼的角落。

但当我深刻地明白了“你的一切皆优势”这句话的时候，我突然发现，在我过去接触和帮助的很多大学生里面，也有很多跟我一样的留守儿童，因为我有留守的亲身经历，所以我能够与他们共鸣，更能理解他们。再加上那个年代留守儿童的数量很多，大家因为有了这一段共同的经历，所以在心灵上更加靠近。这些大学生也更愿意和我做朋友，觉得我很懂他们。

从另一个方面来讲，因为失去了父母的保护，所以自己从小就非常独立。没有父母强行的管控，我的思想和行为是自由的，我可以选择做很多我喜欢的事情，每一个成长过程中的重大抉择都是我自己做的。我的父母虽然没有起到非常重要的作用，但他们至少没有干扰过我，所以从这个角度上来讲，我也是极其幸运的。

因此，当你特别迷茫和自卑的时候，你应该把“你的一切皆优势”这句话抄下来，贴在你的房间里面，不断地告诉自己：我现在认为自己身上所有不好的方面或所有的短板都只是相对的，只是世俗的评判，这些一定能够让我有新的成长和突破。

没有真正的短板，只有特质

在我看来，这个世界上从来没有真正的短板。这个词也是通过比较得出来的，没有长，何来短呢？如果我们把自己看成游戏里面的角色，这个角色会拥有很多的属性，这些属性它本身没有任何的优、劣势，只是放在不同的环境下面，这些属性会凸显出它分别的优、劣势。

人也一样，对于我们来讲，我们身上有各种特质，如身高、长相、家庭财富、智商、情商等，不需要去评判，只需要接纳。

比如，对于演员而言，长得帅是一个很重要的特质，但那些长相一般的演员就不会得到观众喜爱吗？事实是：近些年大量长相一般的男演员一样通过高超的演技深入人心。他们饰演的一些角色反而能引起很多普通人的共鸣，因为现实生活中没有那么多人有非常精致的长相，大家更喜欢看和自己一样接地气的普通人。因此，你可以发现，即便长得一般，也不是短板，只是一个特质，这个特质在不同的环境下产生不一样的效果。

让特质发光

如果你想让“你的一切皆优势”这句话深深地植入你的脑海里，那你就要学会让这句话去影响你的行为。比如，你找到一些曾经认为不好的特质，对这些特质做正向解读，发现这些特质创造了一些社会价值并因此得到很多正向的反馈，于是，你也会更加坚定地相信这句话。践行起来，你就能从中获得更多的力量。

第 9 章

圈层突破：
如何突破圈层

请你带着以下问题阅读

1. 你对优秀的定义是什么？
2. 你身边有哪些以一顶十的人脉枢纽？
3. 普通人需要接触高端人脉吗？
4. 不善交际也能轻松管理人脉吗？

第 1 节

获取新知：想办法认识 100 个优秀的人

我们有一个重要的改变方式：让我们置身于优质的圈子。实施“100 战略”：在一年内认识 100 个优秀的人。

确定优秀的标准

当你有了认识 100 个优秀的人的目标的时候，首先要把优秀的标准确定好。以下我罗列了一些标准，可以作为你的参考。

1. 内驱力强

一个优秀的人，他首先具有强大的内驱力，因为内驱力会让他一直保持不断上进的状态。内驱力具有极强的激发和指引作用。一个有理想、有目标的人，为了实现理想和目标，会不断努力。

2. 空杯心态

这是每一个优秀的人的基本标准。当一个人保持空杯心态的时候，他才能够看到自己的差距，看向更远的目标，从而不断学习，不停地进步。他们不满足于现状，始终寻求突破。

3. 务实

优秀的人往往都非常务实，他们会更加在意一件事情的本质，并把自己的认知转化成行动。他们崇尚脚踏实地，为此，他们静心做事，从而赢得他人的尊重和信任。

从身边的人开始筛选

当我们定下这个目标以后，不要想着立马去外面认识各种各样的人，而是先从身边的人开始。离你最近的人是你自己，因此，你要确保自己也符合优秀的标准。接下来，你可以先从身边最近的人开始，包括你的家人、同学、同事等。

你可能会说，这些人我之前本来就认识，为什么还要重新认识他们呢？

记住，我们定这 100 个人小目标是让自己真正地筛选出一批高能量的人，身边的人当然也属于你的资源。当你的标准建立起来以后，如果身边有人符合这个标准，那你应该更近距离地和他们进行交流。

我之前在北京某公司工作的时候，有两个同事都符合以上的标准，且他们的认知比我高很多。我离职以后也经常和他们联系，他们总是能够给我带来很多正向能量。

持续为他人提供价值

山不就我，我自就山。我以前做过一件事情：每天坚持给至少一个人提供价值，包括情绪价值、业务咨询价值。我不断做这件事，帮助过很多人。

我创业以后，多次遇到我曾经帮助过的人。他们现在已经能在各个知名企业里独当一面，但他们仍然记得上大学期间我对他们成长上的帮助，这些人后来主动帮我介绍资源和业务。

一位我曾帮过的人现在已经是某知名企业某条重要业务线的负责人，得知我到他所在的城市出差时，他非常热情地接待了我，并为我的业务出谋划策，贡献资源和力量。

当年我向这些人提供价值时，是不求回报的。如今，他们支持我的工作，对我来讲，算是意外的惊喜。

因此，我们只需要持续地向他人提供价值，只管播种，后面会开出什么样的花，结出什么样的果，交给命运。但请相信，为他人提供价值就是投资他人，投资他人是除了投资自己以外最划算的事情。

有人问："如何认识厉害的大人物？"

我回答："识别哪些人未来能成为厉害的人，在他还不够厉害的时候就建立连接。"

我自己运营的一个陪伴创业者成长的组织"十万个创始人"，也会定期给一些企业提供价值。我们相信，任何一家伟大的公司都是从小企业开始的。如果你没办法认识现在非常知名的企业家，那你可以去发现一些有潜力成为下一代知名企业家的人，并在他们需要的时候为他们提供帮助。

找到一个很卷的圈子加入进去

从 2019 年开始，或者说从我创业初期，包括创业之前，我就一直在做一件事情：找到一些非常卷的圈子。

创业以后，我发现在本地找不到很好的圈子，就直接去超一线城市寻找一些高质量的圈子。不管是通过付费还是通过其他方式进去，在这里面我找到了一群能够充分激发我潜能的人。

2021 年的时候，我加入了一个质量非常高的圈子。这个圈子里 80% 的人都是作家，有的人甚至已经出版了十几本书，同时，他们还是各种大 V、企业家、创富高手。在这样的一个圈子里，不想进步都很难。与此同时，我开始意识到要通过写书来帮助和影响更多的人，这本书也是受这个圈子的影响而写的。

除了加入一些圈子，我还自己组建圈子。比如，成为一些创业组织城市分会的会长，邀请更多高能量的创业者加入进来，一起成长。

优秀的人身边全是优秀的人

在定下认识 100 个优秀的人这个目标的时候，你可能会觉得有点太多了，其实越到后面，你认识优秀的人的速度会越快。因为你前面认识的那些优秀的人，身边往往也有很多优秀的人，你可以通过他们接触到更多优秀的人。

对于普通人而言，最难的是迈出第一步，先接触到少数关键人物，随着社交的深入，后面认识到更优秀的人的机会成本会越来越低。

建立深刻的人际关系，如同在希望的田野上播种，让我们在这共同的领域里相互滋养，茁壮成长。认识并交往 100 个优秀的个体，不仅是心灵的追求，更是一场奇妙的旅途。愿我们在这充满奇迹的过程中，不断磨炼自我，激发内心的能量，共同驶向更加辽阔的人生天地。

第 2 节

破圈连接：普通人如何接触高端人脉

普通人如何接触高端的人脉？这是一个关于向上连接的话题。

以前我会觉得这是一个伪命题，因为当你自己是一个普通人的时候，你再怎么去向上连接都没有什么实质性的作用。后面我又用我自己的经历充分反驳了这个观点，因为当我是一个普通人的时候，我就接触到了一些在我当时认为的高端人脉，而这些人脉又的的确确帮助了我很多，所以我才有底气写这节内容。

首先，一个最基本的前提：我们向上连接的目的是什么？每个人都要先搞清楚自己连接的目的，并且这个目的必须是清晰的，不能模糊。如果没有具体的目的，那向上连接的的确确就没有什么太大的意义。比如，有人说要认识更厉害的人，目的就是向他学习。这就是一个模糊的目的，你向他们学什么呢？

学了之后你用来干什么呢？你为什么要学呢？

明确连接目的

我最开始接触一些高端人脉的时候，我清楚地知道我连接他们的目的。

1. 获得机会

希望能够从他们手里获得一些行业内的机会。

2. 学习知识

希望能够跟他们学到一些行业内的知识和经验，能让我达到这个行业的入门门槛的水平。

有了这两个具体的目的以后，我再去做对应的向上连接。

你别小看这个细节，这非常关键，因为你的出发意图决定了你的终点位置。

连接高端人脉的方式、方法

接下来我要讲我们去连接高端人脉的一些方式和方法，以及在这个过程中的一些注意事项。

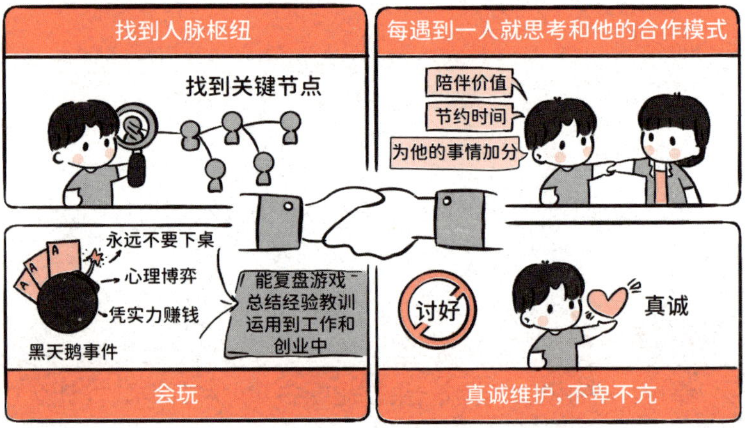

▲ 图 9-1　普通人怎么接触高端人脉

1. 找到人脉枢纽

当我们是一个普通人的时候，连接大人物对于我们来说是一件成本非常高的事情，因此不能随随便便地去下时间、精力的赌注，一定要学会寻找人脉的关键节点，又叫作人脉枢纽。

在城市交通枢纽站中，被途经的次数越多就是越大的枢纽。同理，你要去找到那些本身就是一个很大的人脉枢纽的人，哪怕只找到一个这样的人，用心去维护，比你找 10 个其他类型的人还要有效。

我在早期的时候就结识了一位行业里面的领军人物。通过他我又认识了很多人。其实到现在为止，我直接结识的人并不多,很多人都是通过我最重要的几个人脉枢纽的介绍而结识的。

其实有时候，和一些很厉害的人连接成本其实远远没有你想象的那么高。比如，有一次，我看到一个讲座将邀请一位在儒家文化研究和哲学领域非常厉害的学者作为主讲人，我特别想和这位主讲人交流。于是在讲座结束后，我留到最后，并趁机向对方请教一些问题，对方非常开心，对我说："一看你就是很有经历的人，你能发现这些内容的价值。"后来，我们互换了联系方式，后面也保持沟通。

这样身份的人，如果想在其他渠道连接他，估计非常难，但我仅仅通过一场讲座就和对方建立了第一步的联系。只要有心，总有可能，退一步讲，即使我去了以后没办法和对方交流，那我也增加了一些见识，不会浪费时间。

社交成功也是有概率的，足够多的尝试，才能带来足够多的可能性。

2. 每遇到一个人就去思考和他的合作模式

以前我在社交的时候经常会出现一个问题：不管是参加饭局还是参加学习会，一天总能认识很多不同的人。但对于我来说，能记住所有人的名字就已经很好了。认识的人多了以后你会发现可能连接的效果并不是很好。

直到有一次，我的一位很好的朋友点醒了我，他说你可以尝试用这样的方式去做对应的记录：在对方做自我介绍或你了解对方的基础信息以后，就立马去思考跟这个人可能发生什么样的合作，并记下来。

你可能会想："普通人和大人物之间怎么合作，怎么建立关系？"其实普通人向上连接一定要能提供 3 种类型的价值。

（1）陪伴价值

很多大人物其实比较孤独，他也想要有人能懂他，所以这个时候如果你能给他提供一些陪伴价值，哪怕是情绪上的安慰，也有利于他记住你。那么，当他有事情的时候很可能会第一时间选择你。

（2）节约时间

对于大人物而言，最重要的资源就是时间。如果他有一些事情要做，但觉得有些消耗时间，而你正好可以帮他，这个时候你就可以出手。

（3）为他的事情加分

比如，大人物组织了一个局，需要有更多的人捧场，如果你的出现能够为他的局加分，那你一定要去支持这位大人物。

3. 会玩

当你看到这两个字的时候，你可能会猜测：是不是要教我怎么样和这些大人物吃吃喝喝了？

其实吃吃喝喝只是表象，如果你是一个极其会玩，且玩出高度的人，大人物会非常愿意和你交往。

真正的大人物极其珍惜自己的时间，他们不会把时间浪费在一些低级的娱乐活动上。但如果你能够找到一些娱乐活动，让他们既放松，又能够玩出花样，那你就有了被赏识的可能性。

我之前在一个课堂上，用两个小时的时间玩纸牌游戏。每个人都领到了一笔基础的筹码，然后分组玩，最后谁剩的筹码最多就胜出。在我们小组我幸运地成了小组第一。

通过这个游戏，我复盘了 4 点：

（1）永远不要下桌

在玩的过程中，有一些人在前 3 局的时候就不停地追加，结果很快就没有赌注了，直接下场。而另一些人虽然一直在输，但是他们永远让自己手里的筹码保持在一定的安全线内，只要不下桌，就有翻身的机会。

创业也是一样的，如果机会来临的时候你都已经没有筹码了，那再好的机会你也没办法抓住。

（2）心理博弈

其实玩过这个游戏的人都知道，这是一种高级的心理博弈游戏。尤其是当最后两人一直在加注的时候，双方并不知道对方到底是一副什么牌，这个时候要么比对方显得更有底气把对方给吓跑，要么真的有大牌。

（3）凭实力赚钱

在整个游戏里面，我们发现那些牌并不大却能赢的人，最后其实都会输，因为他擅长投机取巧。当遇到一个真正手里有大牌的人加大赌注的时候，他会输得非常惨。

在生活中也是一样，偶尔的取巧能让我们成功，但这不是成功的常态。

（4）“黑天鹅”事件

我清晰地记得有一局我拿了 3 张非常大的牌，当时有一个新手要单独开我的牌，然后他看了我的牌以后就把我的牌给丢下去了（按照游戏规则，说明我比他小）。当时我很纳闷，心想好不容易拿到这么一手很大的牌，结果没想到有人比我的牌更大。这一局结束以后，我非常好奇他的牌究竟是什么？但当我打开的时候，心在滴血，因为他的牌比我小很多。我本来准备依靠这一局翻盘的，结果没想到闹乌龙了。在现实生活中也是一样，当你很有实力，也准备得很充分的时候，偶尔会遇到一些不可思议的事情发生，这其实是世界的常态。

当天我们针对这个游戏复盘了不止50条的经验和教训，这些都能够运用到我们的工作和创业中。所以，同样是玩游戏，你能把它玩得更加有高度，那别人自然会愿意跟你一起玩。

4. 真诚维护，不卑不亢

良好的人际交往需要吸引，而不是讨好。你没有利用价值，再多人脉也毫无作用。

——彼得·德鲁克

任何关系只要失衡就不会长久。越是一些重要的人脉，越要真诚地维护，但绝不是一味谄媚讨好。你的自尊会赢得对方的尊重，对方感受到你的自信，自然而然会被吸引。

任何一种关系都因相互吸引更美好，而不是一个人的“独唱”。

最高级的认识牛人的方式就是想方设法和他一起共事。牛人所有的经历、学识、认知在平时是看不到的，但会在某一个关键的时刻集中显现。在做事的过程中，你可以非常近距离地跟随牛人学习。

第 3 节

人脉管理：不善交际也能轻松管理人脉

之前有人问过我一个问题：“兴哥，你认识的人这么多，平时你是怎么管理你的人脉的？”

我当时非常好奇，人脉为什么还需要管理？在我意识到这个问题的时候，我竟然真的去学习了一些关于人脉管理的课程。

但后面我很快把这个观点给推翻了，因为真正的人脉根本就不需要你去管理。

我以前有一张人脉管理表，表上会记录所有我认为比较重要的人，并且把他们进行分类，以及记录下他们的生日和一些重要的信息。在合适的时候我会根据人脉管理表来做一些人脉的维护，但后面我就没有用这张表了，因为我发现随着自己交际圈的扩大，在表上出现的人越来越多，这给我带来了非常大的负担。这个问题我跟很多人都交流过，他们给我的反馈都是，根本就不需要管理人脉，更不需要去做一张表，因为首先真正重要的人你一定能够记在脑子里面，你记不住的人其实都不重要，其次就是最重要的人脉并不需要太多。

我自己认为这是用感性的一面来定义关系，只要你真正用心付出了，就有可能走进对方的心里。这一种付出是不图回报的，是没有算计的。

那我们不管理人脉是不是就意味着什么都不用做了呢？其实也并不是，这里还是有很多重要的内容要与你分享的。

高质量的陪伴

对你最重要的人而言，你能付出的最稀缺的东西就是高质量的陪伴。

什么叫高质量的陪伴？

就是你和对方能在一起做一些产生灵魂共振的事情。比如，你们针对一个话题进行讨论，交换自己对未来的规划和自己内心最真实的想法。又比如，在对方情绪低落或需要你的时候，你陪在他身边。你不一定要跟他说很多话，但你一直在。对于最重要的人而言，你们一起去做一些看似无用的事也属于高质量的陪伴。

有一次，我和一个很好的朋友一起在一个讲座里学习。晚上我们在酒店房间里聊天，聊各自创业路上的烦心事，一聊就是四个多小时。其实我们都非常忙，但那四个多小时，我们都完成了对彼此的高质量陪伴。

其实，我们对他人的了解少之又少，哪怕是你最好的朋友，可能你了解的他和真正的他还差十万八千里。所以，大多数时候，我们能付出的，其实就是默默陪伴。

你永远也不可能真正了解一个人，除非你穿上他的鞋子走来走去，站在他的角度思考问题。可当你真正走过他走过的路时，你连路过都会觉得难过。有时候你所看到的，并非事实真相，你了解的，不过是浮在水面上的冰山一角。

——《杀死一只知更鸟》

给正面反馈

以前我是一个特别不擅长给别人反馈的人，后来有一次我参加完一个活动，收到了很多人给我的反馈。我突然发现收到正面反馈是一件特别幸福的事情。这是我需要的，也是他人需要的。所以当对方给你带来一些启发，或者让你感到愉悦时，你都可以及时给对方一些反馈。比如，你刚刚讲的某某点让我特别有启发；我注意到你身上的某某点给我带来了某某的影响。

多给别人反馈会让你们的关系越来越近，因为被反馈的人会有一种被看见的感觉。

引起重视

引起重视是你不需要管理人脉的核心。最开始的时候就应该去引起对方对你的重视，如果对方一开始就对你不重视，那你会陷入被动的局面，无论你后面怎么样去努力，你们的关系都很难再进一步。引起对方重视有几个小的方法：

1. 积极地做自我介绍

除了常规的信息以外，你还可以直截了当地表达希望跟什么样的人交朋友，不希望跟什么样的人交朋友，交友原则是什么。

一个更有原则的人更容易引起对方的重视。

2. 找中间人介绍

找一个非常有分量的中间人帮你介绍，如果你想认识一个很重要的人，但又担心自己去认识的话达不到一定的效果，那就可以找一个圈子里面有分量的人帮忙引荐。

有一次参加一个饭局，之前认识的一位很厉害的老师也在。其实在饭局之前我们就已经加了微信，并且互相寒暄了一句，但我觉得那种寒暄太过于表面，没办法让对方对我有很深刻的印象。于是在饭局上我主动找到一位在圈子里面非常有名的人，带我再次去认识这位老师。后面果不其然，这位老师对我就非常重视，之后彼此经常互相通电话，还一起做了很多事情。

成为 1% 关键点

突破圈层除了自己优秀以外，还在于跳一跳进入比自己更优秀的群体。因为优秀的人身边站着的一定是优秀的人，所以，破圈、结交更高端的人脉本身就是一种优秀的证明。

第 10 章

少有人走的荆棘路：创业心法

请你带着以下问题阅读

1. 为什么可以借势创业而不是借钱创业？
2. 为什么创业能迅速提升一个人的认知？
3. 借势创业的核心是什么？

第 1 节

创造法则：创业练就真本事

如果你问我做什么事情能让你练就一身真正的本事，我会直接告诉你：创业。

创业是一场修行，因为在创业的过程中，你能见自己、见天地、见众生。我不算是一个创业经验丰富的人，但在创业这条路上也有一点点自己的小心得。在创业的路上，其实我很少纠结，并不是因为我不内耗，而是我压根没有时间纠结。

创业很辛苦，要起得比鸡早，睡得比狗晚，那为什么创业就是一件能够练就真本事的事情呢？

真正地面对真实复杂的问题

创业是需要面对很多真实复杂的问题的。在创业的过程中，你会遇到招聘、管理、财务、法务、激励和合伙人等各种各样的问题，这些问题每一个都真实、具体，都需要亲自去逐个解决。每一位创业者是永远没有退路的，你的员工可以在公司遇到困难的时候辞职，甚至你的合伙人也可以找理由散伙，但唯独你自己不能后退，除非你真的不想干了，毕竟你要为整个公司兜底。正因为有了这样一份责任，你才会努力地去经营这个公司，你才能得到真正的历练。

一个不会游泳的人如果不慎掉到水里，绝对会激发全身的力量自救，这也是很多创业者成长速度比较快的原因。创业没有那么高大上，大多数时候都是在寻找尽量不让自己深陷绝境的方法，经历一番摸爬滚打以后，才能找到真正的自己。

大部分创业者成长速度极快，不是因为比其他人聪明，也不是因为悟性高，而是每天都站在真实的战场上，不进则退。创业说简单也很简单，只需要做好 3 点：想透、做绝、会算账。这 3 点对应的就是会思考、会执行和会运营。想透就是你要把一件事情想得足够明白，因为你要带兵打仗。作为统帅，你得清楚地知道我们是去打哪里，怎么打；做绝就是在这个过程中不允许有任何一点点的失误，你必须把每一步计划都执行得最好，步步为营，你才有一定的胜算；会算账考验的是一个人的财商，一个会算账的人才是真正懂得运营的人。

破小我，成大我

创业是一件自讨苦吃的事。我之前遇到很多个创业者，创业时间越久，他们就越没把自己当回事，因为中间经历了太多的事情。很多事情一点一点地磨炼你的自尊心，击碎内心的小我，使自己变成一个真正的大我。在这个过程中你不会在意别人的批评和谩骂，不会在意别人的拒绝，因为你经历了太多的事情，内心变得强大了。

我在高考结束后，成为某支付工具线下收款码的推广人员。那时候刚好国内两家移动支付的巨头正在抢占线下支付市场，我找了十几个人一起做，带着他们一家一家地跑商家。我们去店里的时候，一般老板都在忙生意，没时间招呼我们，甚至有一些老板毫不客气地把我们赶出去。跟我同行的小伙伴有好几个都受不了直接走了，但我当时在想："不就是尴尬吗？不就是丢脸吗？如果这点事情都做不好，我以后难成大事！"

于是，我继续硬着头皮一家一家地拜访。我放下了自己的自尊心，开始思考怎样才能在短时间内取得这些老板的信任，并且和他们共赢。我一遍一遍优化自己的话术，并把成功的经验分享给团队中的其他小伙伴。那个假期我们的业务量在全省团队中排在前三，公司不敢相信这是一个刚毕业的高中生做出的成绩。

实际上，在我创业以后，这样放下自尊的时刻数不胜数，但正是因为破除了小我这个障碍，才有机会发展大我，走向更精彩的人生。

王健林曾在一期采访中分享自己的经历。一次为了拿到贷款，低三下四求一个人，甚至在人家门口等，一共求了五十多次都没成功，被人瞧不起。这件事情以后，他下定决心要把自己的公司做成一家有社会地位的公司。

有人说："伟大来自性格。性格不是智力，性格的韧性是痛苦所塑造的，经历过痛苦以后的聪明才是最有价值的。"

每个成功的人物，在站在聚光灯下接受大众的崇拜之前，都曾经击碎过无数的小我，最终拥有无畏的力量。

直面人性

创业者每天都在直面人性。比如，在前期你可能会遇到资金紧急周转的问题，需要向别人借钱，这个时候你面对的就是各种人性。

在我的创业道路上，听过很多创业者背后的故事。他们站在台前面对背叛、面对质疑、面对算计，有的人曾深陷人性的泥潭里，反复被现实打脸。在历经无数次洗礼后，他们选择尊重人性。

记得以前看过一段影视视频，一辆载满乘客的大巴车行驶到半途时，遇到了假装乘客的劫匪。劫匪就两三个人，非常顺利地拿走了所有乘客的财产。下车时，劫匪还盯上了开车的女司机，于是这位女司机在众人的目光下被拖下车。当劫匪在不远的地方准备实行强奸时，车上乘客竟无一人出手相救，后来一位小伙站出来，一个人下车去和劫匪对抗。被成功解救后，司机踉踉跄跄地上了车，车上的乘客无一人关心司机的情况，反而催促司机赶紧开车……

在这个世界上，每时每刻都在发生关于人性的故事。对于创业者来说，我们时刻都在面临人性的考验。我们在这一次又一次的人性考验中，看到人性中最真实的品质。这些会变成创业旅途中的财富，不管你最后如何理解人性，但我们都不要去探索人性中的幽暗，而是坚定地继续向自己的目标前进。正如《沉思录》中写的："一个好人不要窥察别人内心的黑暗，而要目不斜视地直赴目标。"

在创业时，我们应该明白一个道理：成功是概率事件，创业路上失败才是常态。成功只是一个概率，如果创业失败了，那能给我们留下的是提升的认知和强大的内心。

凡发一谋，举一事，必有风波磨折，必有浮议摇撼，唯坚忍者可以成功。

——曾国藩

第 2 节

借势思维：借势创业而不是借钱创业

谈到创业，很多人脑海中的关键词就是风险、投入，并且主观地认为只有巨大的投入才能带来巨大的回报。因此，他们在创业的时候都会选择倾其所有或孤注一掷，具体表现为：当认为自己的项目一定能成功时，哪怕借钱都要去做，还安慰自己这都是必须要经历的。但静下心来思考，我们过去看到的那些大投入、大回报的案例，放在今天，真的还管用吗？

美国知名投资人马克·库班曾说过："如果你为了创业而贷款的话，那你就是个傻瓜。"创业道路上充满了各种不确定性，但贷款后唯一确定的就是，你要不停地还债。他认为，99% 的小企业都完全不需要启动资金，个人的努力才是决定性因素。小企业不会因为缺乏资金而倒闭，他们失败是因为缺乏思考，是因为缺少努力。

在我国经济发展的初期，人人都可以下海创业。之前有一位著名的企业家说过一句话："清华北大不如胆子大。"以前，在具备了能吃苦、愿意花时间研究、有勇气这几个特征以后，你的创业成功概率会很大，而今天，光靠这些已经完全不够了。因为这个世界上有才华的人太多，比你更愿意花时间、胆子更大的人比比皆是，那我们到底应该怎么办？

对于从零起步的创业者来讲，我认为核心是借势创业。创业是一场没有终点的长跑，不要一开始就打光自己的子弹，因为你不知道接下来会面临什么。只有不断地借助外力，我们才有可能走到最后。

不知道大家在机场中有没有看到自动人行道，这是机场里设计得非常人性化的一点。通常情况下，安检处离登机口还有一段距离，如果步行的话，乘客可能会非常累，到时会有很大的意见。但有了自动人行道以后，人们可以更快、更省力地到达登机口，非常轻松。

接下来，我要分享 3 个借势创业的核心。

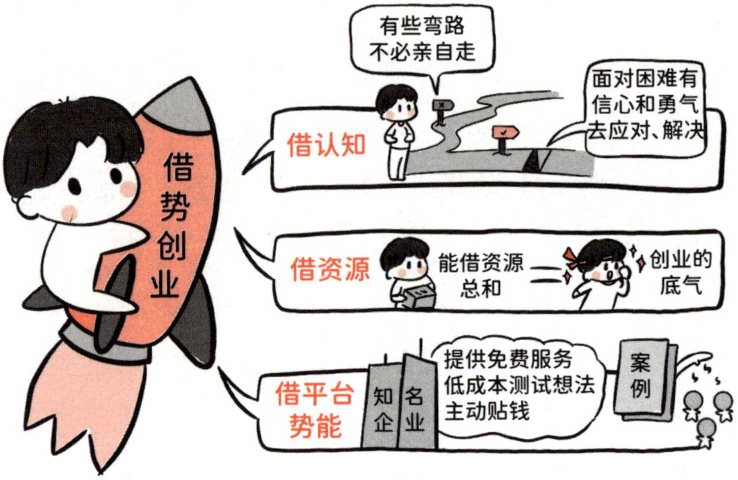

▲ 图 10-1　借势创业

借平台势能

在讲这点之前，我们首先要明确一个前提：什么是借？什么是蹭？市面上的一些导师会教你怎样蹭平台的势能，虽然有很多成功的案例，但我个人一直对蹭这个行为表示反对。蹭不仅是一种行为，也是一种心智，如果一个创始人养成了蹭的习惯，那后面大概率也走不远。

我个人是这样区分蹭和借：蹭是指利用他人的知名度和名气为自己加分，但未给对方提供价值；借是指在给对方提供了价值的情况下，顺便利用对方的知名度和名气为自己加分。其核心是有没有为对方提供价值，如果价值是相互的，那你就可以大大方方地借。

我在创业初期的时候，公司没有任何名气，那怎么样能够在今后获得长远的发展？首先，需要有一些知名的客户。所以，当腾讯有一些需求的时候，我们公司前期免费服务，低成本帮对方测试落地一些想法，甚至还主动贴钱。之后我们公司得到了腾讯的大订单，也超预期帮助客户业务成功落地。这样，我们公司服务的第一个知名客户的案例就有了。因为我们公司服务过腾讯，所以很多同级别的客户也争相找到了我们。对于一个初创企业来讲，如果没有借到腾讯的势能，是不可能获得同级别客户的青睐的。

在这个环节中，我很好地借了腾讯的势能，但同时，我也给他们提供了很大的价值，因此，这是一个双赢的结局。

《三国演义》中袁绍聚十八路诸侯讨伐董卓，刘备做自我介绍的时候说："我乃中山靖王之后，汉景帝玄孙刘玄德。"其实在当时，刘备作为汉皇后裔，到他这一代，家族的影响力已经非常小了，但他为什么还要专门说这个背景？在我看来，他是在借皇家之名的势能来引起其他各路诸侯对他的重视。在当时，每路诸侯都带了至少数万兵马，而他只带了两个兄弟，一共三个人,如果他不强调这个身份,其他路诸侯如何重视他?又如何甘愿和他平起平坐？这么多诸侯，打起仗来根本轮不到他们三兄弟出场。如果没有表现的机会，也就不可能有后面关羽“温酒斩华雄”的故事。因此，他必须借势，而且还得借得恰到好处。

借资源

你创业的底气就是你所能借到的资源的总和。

创业的人必须要懂得借资源，尤其是初创期什么都没有的时候。

我在大学期间就开始创业，在刚创业的时候就非常清楚地知道公司前期非常脆弱，必须要借助一些资源。

在学校期间，对于创业者来说最大的资源就是学校的创新创业平台，在里面可以得到一些学校层面的专家平台资源，或者可以得到免费办公场地的资源，这些资源在创业的前期都非常重要。

在公司逐步成长起来以后，我意识到：要想发展得更好必须得到政府平台的大力支持，于是便把公司搬到了一个国家级的创业基地。在这个基地里，我们公司积极地做贡献，同时基地也给我们公司提供了非常宝贵的资源，比如，国家级的媒体资源、优秀的企业家资源等。借助基地的资源，我们公司又实现了新一轮的突破。

因此，创业者一定要学会在不同的阶段去借到适合自己的资源，这样能大大降低风险并让你拥有更充足的勇气。

借认知

一家公司最可怕的事情就是：公司创始人是企业认知的天花板。

创业者的第一认知应该是在任何时刻都要清楚地知道：自己一定不是这个世界上最聪明的人。

太阳底下无新鲜事，不管你在哪个行业，遇到什么问题，一定有前人遇到过，如果我们能在自己的行业里面得到一些前辈的指点，那么我们能少犯错误。

所有的创业者一定会走一些弯路，但有一些根本不必要的弯路，就没必要亲自去走了。

我在创业的初期就加入了一个创业组织，经常向很多创业 10 年以上的前辈学习。他们会跟我分享他们创业初期踩过的坑。虽然我已经知道了这些坑，但我仍然会去踩一次，不同点在于自己因为提前已经看到过这个坑的全貌了，所以自己在处理坑的时候会非常淡定和从容。

比如，在创业之前就有一位前辈告诉我：和自己的朋友、亲戚一起创业要谨慎。但我觉得这个因人而异，我认为我自己有能力去处理好关系与利益的平衡。

我最终还是拉朋友入伙了，只不过我把所有最坏的情况都提前做了全盘考虑。在这个过程中，我也努力地克服各种困难，但最后还是出现了一些情况，只不过因为我提前有了预案，所以才不至于手忙脚乱。因此，在和朋友分道扬镳的时候还算体面，既没有闹掰后翻脸不认人，也没有出现因为核心骨干离开导致公司无法运营的情况，再到后来，我们的关系反而变得越来越好了。如果我以前没有心理准备，可能是另外一个结局。

这就是知道和不知道导致的认知区别。

因此，借前辈的认知不是一定要去避开弯路，而是在自己遇到问题的时候能够有信心和勇气去解决。创业解决问题是个扫雷的过程，当不知道哪里有雷的时候，内心是恐惧的，但当我知道前面有雷的时候，即使还是要经过雷区，但我会有更充分的心理准备。

大量的中小企业都死于一些非致命的问题。在我看来，问题本身并不可怕，可怕的是面对问题时的心态和反应。

有人说："创业要尽量踩在巨人的肩膀上做，在很多事上，要善于借助别人的想法，这样能少走弯路。"

创业其实就是一个不断借的过程，在借的途中找到自己的定位，在借的途中扩大自己的势能，在借的路上找到更多资源。

"君子生非异也，善假于物也。"

懂得借才敢借。

成为 1% 关键点

在创业的路上，如何评价成功？给自己一个最中肯的评价，敢于创业就是成功。即使是假借他人之势迈开自己的脚步，只要找准时机，互相成全，也不失为上乘的创业法则。毕竟，能借的来，也得靠真本事。

第 11 章

成长路上必走的路：自我追寻

请你带着以下问题阅读

1. 怎样才能够激发自己的潜能？
2. 如何臣服于自己的选择？
3. 为什么要专注于当下？

第 1 节

潜能激发：在热爱的事情上，请一定要有攀比心

一个人怎么样才能够激发自己的潜能？

首先，找到一件十分热爱且有市场价值的事情。

热爱是前提，有市场价值是长期坚持下去的关键因素。很多人都说自己找到了热爱的事情，但是很难坚持下去，因而怀疑自己是不是真的热爱它。我发现很多人做热爱的事情时没有考虑市场价值，导致做的事情不是社会需要的价值，没办法进行价值交换。

如果你现在还没有实现财务自由的话，在没有其他物质保障的情况下，对于你所热爱的但市场价值不高的事情，你很难坚持下去。就像你把一直在燃烧的火把放在大海中央，即使这个火把自己再想燃烧，它也没有燃烧的环境。

所以要找到一件热爱的事情，且这件事情具有市场价值，这是激发自己潜能的第一步。

其次，在这件事情上不断地从各个维度去跟别人攀比。

以前我非常讨厌有攀比心，认为攀比可能就是一种互相的炫耀。很多人会通过攀比找到自己的存在感，但如果攀比的动机是用到正能量的事情上，那我们完全可以去接纳自己的攀比心，并且还要让它不断地发光发热。

▲ 图 11-1　一定要有攀比心

成就动机

心理学上有一个著名的理论叫作成就动机理论，意思是很多人的成功需要通过和别人的竞争来获得。

在比赛的时候，大部分冠军的成绩只是比亚军的成绩高那么一点点。然而正是因为有了竞争，才能让每个运动员都在这种状态下将自己的实力发挥到最好。

成就动机是指个体追求取得卓越成就和成功的内在驱动力。具有高成就动机的个体倾向于寻求挑战、追求卓越，以及通过竞争和比较来评估自己的表现。

攀比维度

当我们找到一件热爱的事情以后，就可以跟别人攀比。怎么攀比既促进自己的进步，又不会陷入嫉妒或者自卑的消极情绪当中去，可以参考以下几个维度。

1. 攀比格局

攀比这件事情的终点和结局是什么？这考验的是你自己的格局。

2. 攀比过程

在这个过程中你是不是只逞口舌之快？你能不能把这件事

情做得更好？

3. 跟别人攀比时间

你能不能比别人坚持得更久？其实有很多著名的品牌一开始也许不是最有实力的，但经过多年的沉淀，一直发展到现在已经无人能敌了。比如，我们今天看到的很多老字号店，作为顾客你对这种店有天然的信任感，因为这些店不只是存在了一年、两年，而是几十年甚至几百年。

攀比升维

即使攀比对象是同行业，也不是为了把对方比下去，而是看到对方的优势，一起推动整个行业的进步，为本行业赋能。

1. 减少对立

以创业为例，我们跟别人在同一个行业，攀比的根本不是谁的客户多，谁的员工多，谁赚的钱更多。我们应该减少跟自己的同行进行直接对立的比较，而是想办法站在行业的视角，站在更高的维度，一起为这个行业赋能。当你有这个思维的时候，你就会发现同行不只是同行，更是你的朋友。

2. 和自己比

如果你没有很好的竞争对象，那就和自己比，不断反思自己今天可以比昨天做得好的地方有哪些。与自己赛跑，当你一遍一遍地突破自己的时候，你会发现：到一定时间以后，你就已经成为这个领域的 1% 了。

第 2 节

长期价值：从来没有白走的路

你有没有这样的经历？选错了专业、选错了行业、交错了朋友等，以上这些事情都会让你觉得浪费了很多时间。我们也会经常听到有人说：我要是当初选择 ×× 就好了。

我要告诉你的是，世界上从来没有白走的路。

所有的选择都是对的

为什么说我们所有的选择都是对的呢？

世界上唯一不变的就是变化。这个世界是无常的。你在每一个选择的当下，虽然看似没有经过充分地考虑，但回到当时，你的选择依然是这样。现在你之所以会后悔是因为你用现在的眼光去看待过去，你现在掌握的信息比过去多得多。当你根据现在掌握的确定性信息，再去权衡当初的选择，你肯定会觉得自己当时选错了。那有没有这种可能，当时无论怎么选都可能是错的。

例如，20 世纪 90 年代有两种人：一种是挣了钱就去买房，另外一种是挣了钱把它存起来没有买房。这么多年过去了，房价涨了很多，那些没买房的人就非常后悔。他们为什么后悔？因为他们已经掌握了买房会涨的这个确定性的信息，但回到过去，以当时的认知，谁也不知道接下来到底会怎么样，是涨还是跌。

世界本是无常的，世界时时刻刻都在发生变化。这个世界上没有对和错的选择，因为你随机的选择也是无常的。

当你成功的时候，你之前所有的不好都是成功的铺垫。

我们千万不要以当下的结果去论断我们之前的选择是对还是错。当你最后成功的时候，之前这些错误的选择反而是你最宝贵的财富。

我记得有一个创业前辈说过一句话："创业的过程中，99% 的决定和做法都是错误的，最后那些成功的选择和决定永远只有 1%，而我们就是通过 99% 这些错误的决定和做法来找到这 1% 成功的做法。"所以只要你最后能行驶到成功的港湾，那在这个过程中遇到的所有风雨，都可以成为你这一段旅途中最有意思、最宝贵的财富。

服从自己的选择

举个例子，你交了一个朋友，在相处以后，发现他的人品和习惯都没有达到你想要的标准，因此你感到十分懊恼和后悔。注意，你是对这个人不满，但你要清楚当初为什么选择这个朋友。你只是服从了当初自己的选择。

服从当初自己的选择以后不会有太大的心理压力。因为交朋友这件事，正是有了一些反面案例的出现，你才能够更加警惕，未来，你才能真正地找到适合自己的朋友。

我在写这本书的时候有无数个选择，因为这是我人生中的第一本书，所以非常地纠结，纠结到底应该从什么样的角度、把什么样的内容展示给我的读者。我策划了多个主题，最后选择“成为 1%”这个主题，因为我希望不管是在哪个行业，我们都应该向成为 1% 出发。正是因为有了前面那些主题，我最后才能发现当下这个主题。这是我自己的选择，我应该服从它。于是我就踏踏实实地沉下心来写了这本书。

走捷径才是更大的弯路

一夜暴富是很多人的梦想，当梦想有了现实的载体后，人们难免逐利而行。当下，很多人借着流量的东风暴富。网络上这些一夜暴富的人引来了大量的模仿对象，他们都想通过走捷径去实现自己的人生跨越。这个世界总体是公平的，它可以让你阶段性地跨越阶层或者实现阶段性的财富自由，但它不会一直让这件事情成为常态。

比如，有一些人通过走捷径，短期内赚了很多钱，也潇洒了一段时间，但最后被发现是违规违法的。还有的人在认知不够的时候获得了一笔偏财，但自己的认知又没有能力守住这些偏财，最后被意外获得的财富反噬，这样的案例数不胜数。

做事情不是得到就是学到

人生没有白走的路，每一步都算数。之所以从来都不会有白走的路，就是不管做什么事情，你要么得到结果，要么学到经验，总之不可能什么都没有。哪怕这个结果是不好的，你至少知道自己不适合走这条路，这也是一种经验。在我们人生的旅途中，我们应该有这样一种思维，就是我们的目标，不是真正的目标，过程才是我们的目标。

“人不破则不立”，小破小立，大破大立。

第 3 节

专注当下：理想的生活并不一定在远方，而在当下

法国批判现实主义作家巴尔扎克说：“人们若是一心一意地做某一件事，总是会碰到偶然的机会的。”

专注于脚下的路，就能到达心中的理想。

在写这本书的时候，我正在厦门的一个沙滩上，离我不到10 米的地方就是大海。我能看到远方的海岛，远远望去非常漂亮。我幻想着写完书以后可以乘坐一艘船登上那座小岛，我觉得那里会有我理想的美景，但我又迅速转念，现在身处的地方不就是最美的风景吗？当下就是我追寻的理想的圣地，有美丽的沙滩，有陪伴我去完成创作的挚友，沙滩上的咖啡店里流淌着轻柔的音乐，想到这里我热泪盈眶，这难道不是理想的生活吗？

过去，我一直不停地追逐，在追逐的过程中不停地抱怨当下。我认为只有万事俱备的时候，我的理想生活才会出现。此

时，我觉得理想的生活就在当下，在这个足够充裕的当下。

那我们要如何去构建理想的当下呢？

想清楚自己到底想要什么

古人云："常立志，不如立长志。"

为什么有的人不能坚守目标呢？其中一个很重要的原因在于他们没有搞清楚自己到底想要什么，更多是受到了外界环境的影响。这样的目标和志向，难免不切实际。

很多时候，我们想要的东西都是这个世界或别人给我们的幻象。这些东西也许不是自己真正需要的，只是当你看到别人有觉得自己也应该有。我们每个人都是一个本自具足的人，当你的内心非常丰满的时候，你就不会再用其他的东西来填补内心的空缺，你就会有一种：来之则心安理得地接受，不来我也无所谓的心态。

我在很小的时候就立下了一个志向：长大以后做一个对社会有价值的人。后来我大学毕业，走过了这么多的弯路以后，我希望帮助更多像我一样的大学生，帮助他们成长。我觉得每帮助一位大学生，就是在帮助一个家庭；帮助更多的大学生，就会有更多的家庭变得越来越好；家庭美好了，整个社会也会越来越美好。当我有了这个志向以后，我的生活和工作不会被任何外来因素干扰，也不会内耗，会尽全力地去完成我的使命。我希望当我离开这个世界的时候，有人能记起：这是一个曾经自己淋过雨，然后给他人撑过伞的人。

彼得·德鲁克说："即使是在今天，我依然会不断地问自己'你希望被人记住的是什么'，这个问题能促使你不断超越自己。因为它促使你把自己看成一个与众不同、有所作为的人。"

人生目标决定着生命的重心，你要找到自己真正想要的内容，其他的其实都是这个过程中产生的边角料。当你本自具足之后，你会发现所有的当下都是理想的存在。

蔡志忠老师说："先知道你是鱼还是鸟，你才知道哪里是天堂还是地狱，如果鱼在天上游，鸟在水里飞，那两个都死了。"

过去不可追，未来不可期

我们总是在回忆过去和恐惧未来之中丢失了现在。当下丢掉的每一个现在都是对过去的祭扫，更是对未来的不负责任。我们一定要清楚，过去的事情已经发生，无法改变，而未来则充满了不确定性，你唯一能抓住的就是现在。

因此，人最重要的事情就是享受当下，让自己活在每一个当下，放下对过去的执念，让自己内心平静下来。

对未来最大的慷慨，是把一切都献给现在。有位哲学家说："与其为朦胧的未来而烦恼忧虑，不如脚踏实地，做好眼前的事。"

没有人能完全定义未来，你只需要有一颗破土而出的心，慢慢努力，命运自然会把你推到你想去的地方。

▲ 图 11-2 理想生活在脚下

现在即未来

这个世界是你内心的投影，宇宙本来没有时间的概念，它是人类创造出来的。

当下的每一秒都决定着你未来的发展，未来不在别处，它是由你当下的每个行为决定的。

未来的世界、未来的样子也是你现在的投射。所以，过好现在，才会拥有未来。想要走向成功，先从播下成为 1% 的种子开始。

不要期待未来一个月会发生什么，也不要好奇一年后自己会有哪些变化。你只需要在今天没有结束之前尽你最大努力，把想做且应该做的事情做完。未来是由无数的当下构成的，当下做了什么未来就会得到什么。专注做好当下的事，其余的交给时间。走好每一个当下，未来一定会如愿而至。

“佛在灵山莫远求，灵山只在汝心头。人人有个灵山塔，好向灵山塔下修。”

成为 1% 关键点

在成长或者成功的路上，最难突破的是绝路。既然要做勇士，就一定要懂得，世上本没有路，走的人多了便成了路。此时，你曾经奋斗的经历、你一直自我挖掘的能力、你更加坚定的理想都是你赢得未来的资本，走向明天，就是必然的选择。

后记

AFTERWORDS

写这本书的过程，就像在深夜里与自己的心灵对话，回忆一路的酸甜苦辣，重新梳理那些看似不起眼却又改变人生的时刻。我希望这本书能成为你的一盏灯，当你迷茫、挣扎时，能为你点亮一丝希望。

但我不希望这本书只是静静地躺在你的书架上。它的使命不是教你如何轻松成功，而是用我的故事和思考，激励你行动起来。

关于“1%”的意义

“1%”是一个数字，却承载了超越数字的意义。它象征着追求卓越的勇气，象征着自我超越的决心，也象征着一种永不言弃的精神。

在这个时代，我们有太多的选择，也面临着更多的迷茫。信息的爆炸、压力的叠加、对未知的恐惧，常常让我们怀疑：普通人是否真的能实现梦想？

我的答案是肯定的。成为 1% 并不是少数人的特权，而是所有敢于选择、敢于努力、敢于坚持的人都可以实现的目标。这本书的诞生，便是要告诉你：不论起点在哪里，只要你心向前方，每一步都可以积累力量，逐渐靠近 1%。

未来的你，会感激今天的选择

写这本书时，我常常会想：如果当年的我，也能阅读到一本这样的书，或许有些路会走得更轻松些。可是后来我发现，正是那些困难和挑战，让今天的我更加笃定。

我相信，现在拿着这本书的你，也一样怀抱着对未来的憧憬和疑问。我想告诉你，真正的改变从来不是一个人的战斗，而是找到同行者，找到力量源泉，一点一滴积累，最终成就非凡的自己。

感谢你翻开这本书，感谢你走到这里，也感谢你愿意与我同行。

愿我们都能成为 1%，不仅改变自己，也点亮世界。

邀请迷茫的年轻人：加入成长星球

成长路上，从来不缺孤独者，但总能找到同行者。

为了帮助更多大学生和年轻人突破迷茫、找到方向，我创建了成长星球——一个专属成长者的社区。

加入成长星球，你将获得：

- 每日启发：让成长变成持续的动力；
- 同行者支持：与志同道合的人分享你的困惑与收获；
- 行动指南：借助我和众多导师的经验，找到属于自己的破局之道。

行动方法是关注我的个人公众号“易兴 Talk”，加入成长星球，从今天开始让自己变得更好。

邀请志同道合者：与我一起改变世界

如果你和我一样，愿意用自己的经验帮助年轻人，我诚挚邀请你成为“三十万个大学生”平台的一员，与我们一起为下一代年轻人创造更多可能性。

加入“三十万个大学生”平台，你可以：

- 成为导师，分享你的经验与智慧，成为年轻人心中的指路明灯；

- 助力实践，带领大学生完成商业实践，帮助他们成长与蜕变；
- 创造价值，共同搭建一个有爱、有意义的教育生态体系。

除了邀请志同道合的导师加入我们帮助年轻人成长外，我想特别向那些品牌和企业发出邀请：加入“三十万个大学生”平台，成为大学生成长的同行者和赋能者。

如果你是一个品牌的负责人，愿意为大学生提供真实、有价值的实践机会；或者你是一家企业的老板，希望通过提供资源、项目，帮助年轻人积累经验，发现更大的世界，那么，我真诚邀请你入驻我们的平台。

我们需要：

- 真诚的伙伴，希望为大学生提供商业实践机会，同时真心想要帮助他们成长。
- 长期的同行者，不只是短期合作，而是共同探索如何让教育、实践和企业资源有效结合，培养出更强大的年轻一代。

正如社会学家玛格丽特·米德所说：“永远不要怀疑，一小群有思想、肯付出的人能改变世界。事实上，世界正是这样被改变的。”我们期待与更多企业和品牌携手，共同成为推动大学生成长、引领社会向前的力量。

如果你愿意成为“三十万个大学生”平台的导师，或者品牌入驻的合作伙伴，请关注我们的微信公众号“三十万个大学生”，或通过小程序联系我们。让我们共同为下一代铺就成长的道路！

行动方法是关注“三十万个大学生”公众号或搜索小程序，成为改变者的一员。

分享你的成长，点亮更多人

每一本书的意义，不在于被阅读，而在于它能触动心灵、改变生活。

如果《成为1%：让自己无可替代》在某个瞬间为你点亮了一盏灯，那么，为什么不让这束光芒照亮更多人呢？

人生旅途中，我们每个人都曾有过迷茫和低谷，也都渴望过有人能够拉自己一把。如果你因为这本书找到了一些方向、收获了一些勇气，或是在某个深夜被一句话触动了心弦，我邀请你：把这份感动传递下去。

分享，不仅是给予他人温暖，也是在为自己的人生增添意义。正如一位心理学家所说：“你点亮的每一盏灯，最终也会照亮你自己。” 当你选择将自己的心得分享出去，不仅可能改变他人的命运，也是在告诉自己："我正在变得更好，我愿意成为那个带来改变的人。"

所以，我希望你能：

（1）在小红书或视频号上分享你的感悟和收获（带上书的照片）并艾特账号"易兴 Talk"和"三十万个大学生"，让更多人在你的故事中获得力量；

（2）领取一份专属礼物：关注"三十万个大学生"公众号，发送"领取电子盲盒礼物"，我们将为你送上一份关于"成长精华"电子版盲盒礼物，作为你点亮他人的一份小小回馈。

你的小小分享，可能会成为另一个人生命中的大大转折；你的一次表达，可能会给无数人带来启迪和希望。正如这本书能与你产生共鸣一样，你的故事也一定能触动更多的人心。

我们正在创造一个互相扶持、共同成长的世界，而你，正是这个世界的一部分。请伸出你的手，一起让这份光芒传递得更远、更亮。

每一本书，都是一段旅程的起点

《成为 1%：让自己无可替代》从一个稚嫩的想法出发，经过无数个日夜的构思与打磨，最终呈现在你面前。它所承载的意义，不仅仅是一段个人成长的记录，更是一种可以被复制、传播的信念。

在写作的过程中，我一次次回望自己的生命轨迹，从一个迷茫的少年，到一个执着追梦的青年，再到如今坚定于使命的创业者。我明白，生命的意义从来不在于起点有多高，而在于我们如何穿越风雨，朝着自己的方向一步步走去。

所以，无论你是一名正在寻找答案的年轻人，还是一位愿意分享经验的导师，我都真诚地期待：让我们一起，点燃成长的火焰，照亮彼此，也照亮未来。

致谢
THANKS

一定要读完这一段，因为这是写给每一个温暖了我的人。

书写至此，我不禁停下笔，深吸了一口气。这不是因为词穷，而是因为心潮澎湃。感谢的话有千言万语，却不知道从何说起。那些陪伴我、鼓励我、成就我的人，那些用真心点亮我生命的人，我该用怎样的语言才能表达我心底的那份深深感激？我曾想过，或许可以为每一个在我人生中点亮过光的人，写一封单独的信件，但最终，我选择在这里，将这份浓烈的感激，汇聚成对你们最真诚的致谢。

这本书的诞生，不是我的独行，而是一场由无数温暖汇聚的旅程。每一个给予我善意、为我指引方向、让我重拾信念的人，都是我今天能走到这里的原因。你们的笑容、支持、包容和信任，交织成我人生的底色，也是这本书的根基。

这段话，写给那些曾为我送来力量的人，写给那些无条件相信我的人，写给那些在我跌倒时默默扶起我的人。你们或许没有意识到，但在我的生命里，你们就是那束光，那片天空，那段让我无数次想起就热泪盈眶的回忆。

首先感谢我的写作教练晴山姐。如果没有你，或许我没办法写出这本书。你为我树立了榜样，并给予了专业的指导，让我在写作的道路上突飞猛进，使我能够更清晰、更有力地将想传达的内容呈现给世界。在和晴山姐相处的过程中，我们已经成为亲人，感恩晴山姐，我爱你！

接下来的感谢顺序不分先后：

感恩静姐，您是天使姐姐，您的到来给我带来了无限的美好。愿您的在天之灵永远幸福安宁。

福旺财，你是一只特别乖的小狗狗。你曾经救下了一只受伤的小鸟，非常善良、聪明、有灵性，你的出现给我的生命带来了一束光。感恩你的陪伴，愿你在另外一个世界永远幸福平安。

我要感谢我的外公外婆。在那些穷巴巴的日子里，你们依然选择把最好的都给了我。从我 3 岁到成年，你们用无尽的爱灌溉了我的成长。感恩你们小时候对我的教导和严格管束，我永远爱你们！

妈妈，为了我的成长和这个小家庭，您操碎了心。我知道，您也是迫不得已才没办法让我小时候待在您身边。还记得您回来的那一次，我确实很调皮，只是想多得到一些您的关注。您在电话中一次又一次地激励我，让我能走得更远。我爱您，母亲。

爸爸，我和您说话的次数非常少，您也一直沉默寡言，但我深知您这些年来的辛苦和不易。我的成长，是您无数个日夜用身体在工地上拼命换来的。我爱您，父亲。

鸿芮妹妹，你是我唯一的亲妹妹，也是世界上最棒、最可爱的妹妹。你非常勇敢、善良、幽默。感谢上天把你送到我的身边，成为我的亲人。我永远爱你、支持你！同样，我也感谢闫志广表弟、小颗表妹、佳美表妹。你们同样重要！和你们一起长大，我感到无比幸福。感恩上天让我们成为这样一大家人。

我的另外一半、我的天使搭档、我的人生合伙人：小草。你用温暖的笑容踏入了我的生命。从恋爱到结婚，你是我最大的幸运。无论我做什么，你都永远选择支持我。感谢上天让我遇到这么完美的你！我们将继续携手，缔造属于我们的美好人生。我离不开你，我爱你！

感恩二姨妈、三姨妈，在小时候给予我无限的关爱和照顾。有了你们，我的童年更加完整和温暖。

同时，我也要感谢爷爷、奶奶、叔叔、堂兄、堂姐、堂弟、堂妹。希望我们能经常相聚，共享温馨的家庭时光。

感谢我的老师猫叔以及通透私塾元老班的全体家人：静姐、一伊姐、猪先生、老秦哥哥、思莉姐、雨悦姐、赛男姐、子静姐、丽娴姐、常慧姐、高太爷、王子冯、晴山姐、超满哥、一芳姐、游侠哥哥、孔蓓姐、慧歌、群妃姐。我们一起度过了 3 年有意义的时光，共同经历了大笑、大哭、敞开心扉的交流。感恩生命中有你们，也感恩猫叔让我认识了这么多有厚度的灵魂。我们不是家人却胜似家人！

感恩在青春期时陪我一起“二”过的朋友：邦邦、学海、老王、清明。我们的友谊穿越了 10 年，曾一起度过无数快乐时光，是你们让我变得更好，友谊万岁！

感谢我的高中兄弟：黢黑、大黄、海总、健哥。和你们在一起的时光，让我的高中生活不再枯燥。我至今怀念我们一起放声大笑的场景，愿我们常聚，共度更多美好时光！

感恩我的好兄弟帅帅、佳盐、彪彪、高老板、泥鳅、国旗、东哥、海平、心超、赵仪、蒋老板。我们曾在全国不同地区一起参与同样的项目，那段宝贵的经历让我大学生活不再孤单。感谢你们的陪伴，也感恩与你们相遇的缘分。

感恩我的好兄弟树林。你让我从麻木中苏醒过来。为了让我被更多人看到，你不停地向你的粉丝一遍又一遍地推荐我。你让我看到了理想和热爱的力量，让我相信这个世界上真的有一群人在梦想改变世界。你是我见过的最慷慨、最会鼓舞人心、最有理想主义的人。感谢我的生命中有你的存在！我们未来要一起去追寻山川湖海！

我的小学班主任林老师，感谢您对我们的严格管理和温柔教导。您公平地对待每一位同学，保护了我的自尊心。您是我一生都无法忘记的老师！感谢您的教导，我永远是您的学生！

我的初中班主任吴老师，您做事总是雷厉风行、不畏强权。我记得您当时为了我们的学习不顾一切地与校领导争执，也记得我们初中三年教室黑板上永远只有 8 个大字：“学会做人，学会学习”。您告诫我们：“要先学会做人，再学会学习。”当年，我生物成绩不好，您就让我去当生物课代表；我化学成绩不好，您就让我来讲课；我总体成绩下滑时，您就让我当学习委员。您说：“以教为学，越怕什么，就越去挑战它。”多年来，我深受您的影响。可以说，没有您就没有今天的我。感恩我的恩师，祝您身体健康，以后我一定常去看您！

感恩我的哥哥：硕哥。你的出现给我的世界带来了无限的快乐，同时，你也教会了我很多做人做事的智慧。你让我学会了如何更好地成事，如何更好地看清本质。感恩你的出现，你是我生命中的贵人。

感恩澎哥，你是我曾经的领导。感谢你给了我在大企业历练的机会，也感谢在我离职后，你仍然在晚上加班到 2 点多时还要抽空指导我，给我反馈和建议。你亦兄亦友。没有你，我的事业不会像今天这样。你让我明白：我们应该去做难而正确的事情。

感恩航哥，是你默默支持我的事业，让我能够去做自己想做的事情。同时，我们又互相欣赏、互相支持，愿未来我们能继续走向更大的世界！

感恩黄尔诺学长。是你邀请我参加青年发展与社会创新论坛，让我种下了创业的种子。你还在不停地鼓励我，谢谢你！

感恩花花，你一直在创业的道路上全力支持我。你非常有情怀，这么多年一直在为教育事业付诸行动。我很庆幸在早期的时候能被你影响，走上正道。正如你经常说的："人间正道是沧桑。"从你身上，我学到了很多，也是你的精神理念指引着我，让我开始了现在这份事业。

感恩菊香姐和大威哥，感谢你们给了我去阿里巴巴实习的机会，感谢你们在工作上的不断教诲，让我从一个懵懂的小白成长为坚定的创业者。你们为我打下了良好的基础，也让我拥有了更多底气和信心。

感恩尚军总，你是我在创业后认识的第一位企业家教练。感谢你单独辅导了我一个多小时，为我的事业提供了战略性指导。后来，我成了商邦的城市会长，你总是无条件地支持我开展各种活动，连接宝贵资源。你常说的“要一起优雅地解决社会问题”“赚钱是爱的盈余”，这些观念深深植入了我的创业生涯中，感恩有你！

特别要提到老秦哥哥，从一开始误打误撞的相识，到深度碰撞，再到结拜成为兄弟，一路缘分使然。感恩你为我想了一个如此贴切的书名，感恩你帮我制定了10年计划，感恩你为我们品牌做了全案的策划和布局，感恩你为我树立了许多有意义的目标。你是我背后的支柱，同时，能成为你的后天家人、弟弟，也是我的荣幸。

特别感恩高太爷、思莉姐、朱玲姐、北北姐，你们让我的生命变得更加富足和无畏。你们让我实时拥有“力量”，让我更加懂得无条件地相信自己和爱自己，不再陷入内耗。我在你们身上学到了许多人生智慧。我爱你们，你们是我生命中必不可少的后天家人。

感恩子静姐和资本哥哥，很怀念我们一起去川西自驾的时光。318国道上的那段经历，将永远成为我无法忘记的珍贵旅途记忆。

感恩猪先生，你的出现给我带来了无数的快乐与智慧。因为你的启发，我创建了大学生的星球社群，这让我能够更好地帮助这些大学生。有你在背后支持，真好！

钰琳姐，你是一位非常棒的心理咨询师。在我遇到困境时，你总是用你的智慧不断启迪我，让我对这个世界的理解更加通透，感谢你的陪伴。

感恩樊登老师，在我创业初期，许多想法和灵感都来自樊登读书。从听您讲书到后来在线下与您见面，您给予我创业方向上的战略建议和思想指导，让我打开了对创业的新世界，产生了新理解。您的反馈让我对目前的事业充满了信心，感恩有您的指引！

感恩于姐，您在生涯规划方面提供的专业知识，让我能够系统地掌握相关内容并更好地帮助大学生。未来，让我们携手，共同造福这个世界，把教育的工作做到更好！

感恩所有在“三十万个大学生”团队待过的小伙伴们，正是因为有你们的努力工作，我们才能更好地服务客户，服务大学生。谢谢你们的付出，你们是最棒的！

感谢重庆市大学生就业创业公共服务中心的所有领导和工作人员。你们耐心的帮扶和不懈的指导，让我的事业蒸蒸日上。

感谢所有在线上或者线下听过我演讲的学生和老师，能够帮到你们是我的荣幸，谢谢你们给予我的机会。

我的客户们，成为你们的合作伙伴是我的荣幸。感谢你们给予我机会，在为你们服务的过程中，我也汲取到了许多宝贵的经验，感恩你们。

感谢所有为这本书的排版、设计、策划、发行而付出努力的人，感恩你们在背后的无私奉献。正是因为有了你们，这本书才得以完美地呈现在大家面前。你们给予的恩惠，我将永生铭记。

最后，我要感谢正在读本书的你，谢谢你们让我参与你们的人生。感谢你翻开这本书，愿意花时间阅读，愿意聆听我的故事。正是因为你的支持，这本书才有了它真正的意义。

或许我们从未谋面，但通过这本书，我们的生命在某个时刻有了交集。我的经历、思考，能否带给你一些启发？这本书的价值，唯有因你的感受而完整。

如果这本书为你点亮了一丝前行的光，带给你一瞬温暖的力量，那么，这就是我写作的初衷。未来的路很长，让我们继续彼此陪伴，用成长的火焰，点亮更远的星空。

谢谢你，愿我们都能成为更好的自己，也让世界因此更加美好。

易兴

2024 年 12 月 28 日